O DOM DA FIDELIDADE,
A ALEGRIA DA PERSEVERANÇA

**CONGREGAÇÃO PARA
OS INSTITUTOS DE VIDA CONSAGRADA
E AS SOCIEDADES DE VIDA APOSTÓLICA**

O DOM DA FIDELIDADE,
A ALEGRIA DA PERSEVERANÇA

Orientações
"Manete in dilectione mea" (Jo 15,9)

Título original:
Il dono della fedeltà, la gioia della perseveranza:
Orientamenti

Direção-geral: *Flávia Reginatto*
Editora responsável: *Vera Bombonatto*
Tradução: *Dr. D. Hugo C. da S. Cavalcante, OSB e*
Dr. Pe. Valdir M. dos Santos Filho, SCJ

© dos textos originais, 2020: Amministrazione del Patrimonio
della Sede Apostolica
Libreria Editrice Vaticana 00120 Città del Vaticano

As citações bíblicas constantes desta obra foram transcritas da
Bíblia Sagrada – CNBB, 3. ed. 2019.

1ª edição – 2020
1ª reimpressão – 2021

Nenhuma parte desta obra poderá ser reproduzida ou transmitida
por qualquer forma e/ou quaisquer meios (eletrônico ou mecânico,
incluindo fotocópia e gravação) ou arquivada em qualquer sistema ou
banco de dados sem permissão escrita da Editora. Direitos reservados.

Paulinas

Rua Dona Inácia Uchoa, 62
04110-020 – São Paulo – SP (Brasil)
Tel.: (11) 2125-3500
http://www.paulinas.com.br – editora@paulinas.com.br
Telemarketing e SAC: 0800-7010081

© Pia Sociedade Filhas de São Paulo – São Paulo, 2020

SUMÁRIO

LISTA DE SIGLAS 7

INTRODUÇÃO 9

PRIMEIRA PARTE

O OLHAR E A ESCUTA

CAPÍTULO 1

O FENÔMENO DOS ABANDONOS:

ALGUNS NÓS CRÍTICOS..19

CAPÍTULO 2

INSTÂNCIAS A SEREM INTERPRETADAS

E DINÂMICAS A SEREM CONVERTIDAS.........................27

SEGUNDA PARTE

REAVIVAR A CONSCIÊNCIA

CAPÍTULO 1

FIDELIDADE E PERSEVERANÇA.....................................41

CAPÍTULO 2

PROCESSOS PARA UM

DISCERNIMENTO PARTILHADO.....................................67

CAPÍTULO 3

FAZER-SE ACOMPANHAR NO TEMPO DA PROVAÇÃO.

A DIMENSÃO COMUNITÁRIA..87

TERCEIRA PARTE
A SEPARAÇÃO DO INSTITUTO:
NORMATIVA CANÔNICA E PRÁXIS DICASTERIAL

FIDELIDADE E PERSEVERANÇA: REDESCOBRIR
O SENTIDO DA DISCIPLINA 93

CONCLUSÃO
"PERMANECEI NO MEU AMOR" (JO 15,9)..................... 137

LISTA DE SIGLAS

AL	*Amoris Laetitia*
ChV	*Christus Vivit*
Cor	*Cor Orans*
EG	*Evangelii Gaudium*
GeE	*Gaudete et Exsultate*
GS	*Gaudium et Spes*
LF	*Lumen Fidei*
LG	*Lumen Gentium*
PC	*Perfectae Caritatis*
VC	*Vita Consecrata*

INTRODUÇÃO

1. Nosso tempo é de provas: "é mais difícil viver como pessoa consagrada no mundo atual".[1] A fadiga da fidelidade e a diminuição das forças da perseverança são experiências que pertencem à história da vida consagrada, desde os seus primórdios. A fidelidade, não obstante o eclipse dessa virtude no nosso tempo, foi inscrita na identidade profunda da vocação dos consagrados: está em jogo o sentido da nossa vida diante de Deus e da Igreja (GeE, n. 170).[2] A coerência da fidelidade consente em apropriar-se e reapropriar-se da verdade do nosso próprio ser, isto é, *permanecer* (Jo 15,9) no amor de Deus.

Estamos cientes de que a hodierna cultura do provisório pode influenciar nas escolhas de vida e na própria vocação à vida consagrada, e essa é uma cultura que pode engendrar uma fidelidade precária e, "quando o 'para sempre' é frágil – afirma o Papa Francisco –, qualquer razão vale para abandonar o caminho começado".[3] A coerência e a fidelidade à causa de Cristo não são virtudes

---

[1] FRANCISCO. *A força da vocação: conversa com Fernando Prado.* Bolonha: EDB, 2018, p. 49.

[2] FRANCISCO. Exortação apostólica *Gaudete et Exsultate,* sobre o chamado à santidade no mundo atual. 3. ed. Brasília: Edições CNBB, 2019. (Documentos Pontifícios, 33.)

[3] FRANCISCO. *A força da vocação: conversa com Fernando Prado.* Bolonha: EDB, 2018, p. 63.

que se adquirem em um instante; elas exigem uma profunda consciência das implicações humanas, espirituais, psicológicas e morais de uma vocação à vida consagrada. A causa *de Cristo* transcende, interpela, convida a decidir-se e a dedicar-se ao e para o serviço do Reino de Deus. Convicções pessoais e compromissos comunitários são, nesse serviço, um dom experimentado na graça da conversão; tal graça sustenta uma fidelidade autêntica, que se distancia de uma fidelidade estéril, comumente realizada para afirmar a si mesmo, e de uma fidelidade temerária, que desconhece os próprios limites e vai além das próprias possibilidades.

2. Fidelidade e perseverança estiveram no centro da intervenção do Papa Francisco no seu discurso em 28 de janeiro de 2017, na Plenária da Congregação para os Institutos de Vida Consagrada e as Sociedades de Vida Apostólica: "Podemos dizer que neste momento a fidelidade é posta à prova; (...). Estamos diante de uma 'hemorragia' que debilita a vida consagrada e a própria vida da Igreja. Os abandonos na vida consagrada preocupam-nos. É verdade que alguns a deixam por motivo de coerência, porque reconhecem, depois de um discernimento sério, que nunca tiveram vocação; mas outros, com o passar do tempo, não respeitam a fidelidade, muitas vezes poucos anos depois da profissão perpétua. O que aconteceu?".[4]

---

[4] FRANCISCO. *Discurso aos participantes da Plenária da Congregação para os Institutos de Vida Consagrada e as Sociedades de Vida Apostólica.* Cidade do Vaticano, 28 de janeiro de 2017.

O questionamento levantado pelo papa não pode cair no vazio. Diante do fenômeno dos abandonos do estado de vida consagrada e clerical – denominador de situações diversificadas –, há muito tempo a Igreja se interroga sobre a atitude que deve ser assumida.[5] A própria vida consagrada foi muitas vezes solicitada a reconhecer, discernir e acompanhar situações de dificuldade ou de crise e a não reduzir o fenômeno somente a um alarmante quadro estatístico, sem, ao mesmo tempo, questionar-se sobre o sentido e sobre as implicações da fidelidade e da perseverança em uma vocação à *sequela Christi*: caminho de conversão e de purificação, que ajuda a redescobrir o fundamento e a identidade do próprio chamado, sem deixar-se conduzir ao pessimismo ou à frustração desgastante de quem se sente impotente e se prepara para o pior.

A complexidade e a delicadeza das questões não parecem encontrar em muitos casos soluções adequadas. É decisivo pôr-se em atitude de escuta e de discernimento, implorando, com confiança ,a luz do Espírito Santo, para que nos ajude a ler a realidade com seriedade e serenidade. Trata-se de situações que, consideradas no seu conjunto, incidem negativamente sobre a autocompreensão da identidade dos consagrados e das consagradas; lançam sombras sobre a credibilidade evangélica dos Institutos; minam, de algum modo, a confiança do povo de Deus em relação ao mundo dos consagrados.

---

[5] SÃO JOÃO PAULO II. Exortação apostólica pós-sinodal *Pastores Dabo Vobis,* sobre a formação dos sacerdotes nas circunstâncias atuais. Roma, 25 de março de 1992, n. 10.

3. A Congregação para os Institutos de Vida Consagrada e as Sociedades de Vida Apostólica não pode deixar de interpelar-se sobre as problemáticas inerentes à fidelidade e à perseverança no estado de vida consagrada. A partir daquilo que, com mais frequência se observa na vivência dos Institutos e das Sociedades, pretendeu-se elaborar e propor algumas indicações ou linhas de intervenção preventiva e de acompanhamento. Nessa perspectiva, o presente documento propõe-se oferecer orientações que, baseadas na normativa codicial e na práxis dicasterial, resultem úteis a todos os consagrados e as consagradas e a todos aqueles que têm funções de responsabilidade, seja no governo, seja na formação.

O texto é articulado em três partes:

O olhar e a escuta. Monitora e intercepta as situações que podem engendrar mal-estar, dificuldade, crise na vida pessoal e comunitária dos consagrados e das consagradas, sem suscitar alarmismos ou, ao contrário, beneficiar perigosas subestimações. Ao assumir um problema, superiores, irmãos e irmãs, colocam-se na condição de afrontá-lo. Assim, quem tem a honestidade e a humildade de admitir os seus problemas, permite ser ajudado e acompanhado. Os problemas têm rosto, histórias, biografias; trata-se de reconhecer um irmão, uma irmã em dificuldade e, ao mesmo tempo, de reconhecer as próprias dificuldades. "Quando perscrutamos na presença de Deus os caminhos da vida, não há espaços que fiquem excluídos – exorta Francisco – (...) podemos continuar a crescer e dar algo mais a Deus, mesmo naqueles em que experimentamos as dificuldades mais fortes" (GeE, n. 175).

Reavivar a consciência. O binômio fidelidade-perseverança caracterizou o Magistério sobre a vida consagrada. Os dois termos são percebidos como aspectos inseparáveis de uma única atitude espiritual. A perseverança é uma qualidade indispensável da fidelidade. Em tal dinamismo, compreende-se a importância da formação permanente, que impulsiona, seja a pessoa consagrada, seja o Instituto, a "verificar continuamente a própria fidelidade ao Senhor, a docilidade ao seu Espírito (...), a constância na entrega, a humildade em superar os contratempos".[6] Na verdade, a vocação à vida consagrada é um caminho de transformação que renova o coração e a mente da pessoa, a fim de que possa "distinguir o que é da vontade de Deus, a saber, o que é bom, o que lhe agrada, o que é perfeito" (Rm 12,2). "Hoje em dia – afirma o Papa Francisco – tornou-se particularmente necessária a capacidade de discernimento" (GeE, n. 167), para não ficarmos "apenas pelas boas intenções" (GeE, n. 169). Homens e mulheres do discernimento, os consagrados se tornam capazes de interpretar a realidade da vida humana à luz do Espírito e, assim, escolher, discernir e agir segundo a vontade divina.[7] A formação implica um

---

[6] CONGREGAÇÃO PARA OS INSTITUTOS DE VIDA CONSAGRADA E AS SOCIEDADES DE VIDA APOSTÓLICA. Orientações sobre a formação nos Institutos religiosos. Roma, 2 de fevereiro de 1990, n. 67.

[7] Cf. CONGREGAÇÃO PARA O CLERO. *O dom da vocação presbiteral: Ratio Fundamentalis Institutionis Sacerdotalis.* Brasília: Edições CNBB, 2017, n. 43. (Documentos da Igreja, 32.)

constante exercício do dom do discernimento, "que dá a maturidade necessária a uma pessoa consagrada. Hoje é fundamental na vida consagrada: a maturidade".[8]

A separação do Instituto. Normativa e práxis dicasterial: "Na vida consagrada não se pode caminhar sozinho. Temos necessidade de alguém que nos acompanhe"[9] não somente para reconhecer e corrigir comportamentos, estilos de vida, faltas, infidelidades que resultam em evidente contratestemunho ao estado de vida consagrada, mas também para recuperar o sentido e o respeito pela disciplina, uma vez que ela cuida da ordem em nossa vida e exprime atenção e preocupação pelo irmão e pela irmã. A disciplina forma o discipulado de Cristo não para um conformismo plano, mas para a coerência com a própria forma de vida na *sequela Christi*; educa para o necessário distanciamento da mentalidade e das ideologias mundanas que comprometem a credibilidade do nosso estilo de vida; ativa o sentido da vigilância, atitude interior de prontidão e lucidez diante de situações adversas ou perigosas. Enfim, é um exercício de misericórdia, porque somos devedores de misericórdia uns para com os outros.

Na perspectiva do discernimento-acompanhamento, oferece-se aos superiores e responsáveis – em cada nível – um quadro de referência da normativa e da práxis dicasterial, para que avaliem corretamente as situações de

---

[8] FRANCISCO. *A força da vocação: conversa com Fernando Prado*. Bolonha: EDB, 2018, p. 52.

[9] Idem, p. 53.

relevância disciplinar, em pleno respeito aos procedimentos previstos no ordenamento canônico.

4. Um caminho de fidelidade na perseverança requer saber olhar, com realismo e objetividade, a própria experiência de pessoa consagrada, sem fechar os olhos diante do aparecimento de problemas ou críticas, que podem ser sinais de uma fidelidade precária ou desvios de infidelidade. Uma pessoa consagrada em um caminho de fidelidade autêntica lê e discerne a própria história e se interroga, em primeiro lugar, sobre a "fidelidade do amor" (GeE, n. 112); aprende a escutar a própria consciência e a formar-se para uma consciência dotada de um reto juízo;[10] disciplina a própria vida, para não esvaziar de sentido o cuidado da interioridade; acolhe o dom da graça divina, promessa e penhor do nosso "[permanecer] no seu amor" (Jo 15,9).

---

[10] Cf. CONGREGAÇÃO PARA O CLERO. *O dom da vocação presbiteral: Ratio Fundamentalis Institutionis Sacerdotalis.* Brasília: Edições CNBB, 2017, n. 94. (Documentos da Igreja, 32.)

PRIMEIRA PARTE

O OLHAR E A ESCUTA

Capítulo 1

O FENÔMENO DOS ABANDONOS: ALGUNS NÓS CRÍTICOS

Um fenômeno que interroga

5. A realidade dos abandonos na vida consagrada é sintoma de uma crise mais ampla, que interroga as diversas formas de vida reconhecidas pela Igreja. Esse fenômeno não pode ser justificado unicamente referindo-se a causas socioculturais, nem afrontado com a resignação, que leva a considerá-lo normal. Não é normal que, depois de um longo período de formação inicial ou depois de longos anos de vida consagrada, se chegue à decisão de pedir a separação do Instituto.

Ao lado de testemunhas de vida exemplar estão, com certa frequência, situações nas quais se encontra "uma fidelidade a fases alternadas, uma obediência seletiva", talvez, sintomas de uma "vida diluída e medíocre, sem sentido".[1] Emergem "as fraquezas e dificuldades, que obscurecem

---

[1] FRANCISCO. *Discurso aos novos bispos participantes do curso promovido pela Congregação para os Bispos.* Cidade do Vaticano, 13 de setembro de 2018.

a alegria",[2] conhecidas no início do caminho. Às vezes, pessoas que viveram com generosa dedicação e conduta exemplar assumem comportamentos problemáticos, cujas razões são difíceis de se identificar e, ainda mais, de aceitar. Outras vezes, explodem desvios comportamentais, ocasiões de escândalo, que ferem e abrem sérios questionamentos sobre os percursos formativos precedentes e os estilos de vida.

Todavia, ontem como hoje, "muitos consagrados e ministros de Deus, na dedicação silenciosa de si, perseveram indiferentes ao fato de que o bem muitas vezes não faz barulho, (...). Eles continuam a acreditar e a pregar com coragem o Evangelho da graça e da misericórdia a homens sedentos de razões para viver, esperar e amar. Não se assustam diante das feridas da carne de Cristo, sempre infligidas pelo pecado e, não raramente, pelos filhos da Igreja".[3]

Formas de dificuldade

6. As situações problemáticas colocam questões sobre os nós críticos e geradores de mal-estar ou dificuldades que se encontram mais frequentemente na vida consagrada em geral. O Papa Francisco observa que se trata de riscos e limi-

---

[2] FRANCISCO. *Discurso por ocasião do Encontro com as Comunidades Religiosas da Coreia*. Kkottongnae (Coreia do Sul), 16 de março de 2014.

[3] FRANCISCO. *Discurso aos novos bispos participantes do curso promovido pela Congregação para os Bispos*. Cidade do Vaticano, 13 de setembro de 2018.

tes derivados também da cultura do nosso tempo: "vivemos imersos na chamada *cultura do fragmento, do provisório*".[4]

Antes de pôr em prática percursos de acompanhamento, prevenção e cuidado, é preciso reconhecer alguns nós na origem das diversas formas de dificuldade ou das problemáticas mais graves e críticas. Assinalamos, aqui, alguns pontos que parecem ser mais relevantes e frequentes. Nessa perspectiva, é decisivo reconhecer os problemas e escutar quem os estão enfrentando, para não se reduzir, depois, a diagnosticar situações tendencialmente sem solução.

Vigilante no olhar e atento na escuta

7. Somos chamados a reconhecer, isto é, a tornar vigilante o olhar e a atentar para a escuta: "é o olhar do discípulo missionário que 'se nutre da luz e da força do Espírito Santo'" (EG, n. 50);[5] é a escuta que nos torna atentos ao outro, aos irmãos e às irmãs da porta ao lado. Reconhecer é "aprender a discernir e a descobrir" o que nos mantém "à distância do drama humano real".[6] Requerem-se, então, humildade, proximidade e empatia, para entrar em sintonia e perceber quais são "as alegrias e esperanças, as tristezas

---

[4] FRANCISCO. *Discurso aos participantes da Plenária da Congregação para os Institutos de Vida Consagrada e as Sociedades de Vida Apostólica.* Cidade do Vaticano, 28 de janeiro de 2017.

[5] FRANCISCO. Exortação apostólica *Evangelii Gaudium*: a alegria do Evangelho sobre o anúncio do Evangelho no mundo atual. Brasília: Edições CNBB, 2015. (Documentos Pontifícios, 17.)

[6] FRANCISCO. *Homilia por ocasião da Bênção dos Pálios para os novos arcebispos metropolitanos na Solenidade dos Santos Apóstolos Pedro e Paulo.* Cidade do Vaticano, 29 de junho de 2018; cf. EG, n. 270.

e as angústias dos homens de hoje, sobretudo dos pobres e de todos os que sofrem" (GS, n. 1).[7] O mesmo olhar e a mesma escuta, cheios de solicitude e de cuidado, devem ser dirigidos àqueles que atravessam situações de dificuldade, mal-estar ou crise. Trata-se de um olhar de "compaixão (...) não de pena. Não existe uma compaixão que não escute. Não existe uma compaixão que não se solidarize com o outro". Esse olhar é movido pela "liberdade que nasce de amar e coloca o bem do outro acima de todas as coisas".[8]

8. Um olhar distraído ou míope, ou seja, superficial, é sempre causa de incompreensão, prejuízo, sofrimento e culpabilidade; provoca uma perigosa confusão entre os diversos níveis – psíquico, relacional e espiritual – da experiência humana. O primeiro passo para identificar, mesmo estrategicamente, o que fazer e quais caminhos percorrer para discernir, prevenir ou acompanhar, mediante processos de apoio e de cuidado, é reconhecer que um irmão ou uma irmã está vivendo um período de dificuldade. Para reconhecer, discernir e acompanhar, é necessário possuir também uma preparação específica. Isso exige uma positiva e eficaz interação de profissionais para iniciar percursos de acompanhamento espiritual, de psicoterapia e de cuidado.

---

[7] CONCÍLIO VATICANO II. Constituição *Gaudium et Spes*. In: SANTA SÉ. *Concílio Ecumênico Vaticano II: Documentos*. Brasília: Edições CNBB, 2018, p. 199-329.

[8] FRANCISCO. *Discurso por ocasião do encontro com os sacerdotes, religiosos, religiosas e seminaristas: viagem apostólica ao Equador, Bolívia e Paraguai* (5-13 de julho de 2015). Santa Cruz de la Sierra (Bolívia), 9 de julho de 2015.

Crises dos Institutos: incerteza e desorientação

9. Ao longo de sua história secular, a vida consagrada soube demonstrar uma sempre renovada capacidade de atração[9] para quem, estando em busca de sentido, encontra nela um significativo modelo de referência. Atração que vai recuperada e incentivada "no seu encantamento original, como um antídoto para a 'paralisia da normalidade' e como uma abertura à graça, que interrompe o mundo e suas lógicas. Despertar o fascínio da radicalidade evangélica nas gerações mais jovens, de modo a poder redescobrir a profecia da castidade, pobreza e obediência como antecipação do Reino e plena realização da própria vida, é um aspecto que não pode ser colocado em segundo plano em uma época dominada pelas lógicas do consumismo e do comércio".[10]

As Instituições também atravessam crises com o risco de sublinhar "mais as sombras que as luzes".[11] Com sábio realismo, o Papa Francisco indica que, "quando a vida das nossas comunidades atravessa períodos de 'lassidão', em que se prefere a comodidade doméstica à vida nova de

---

[9] "Podemos aplicar bem à vida consagrada o que escrevi na Exortação apostólica *Evangelii Gaudium*, citando uma homilia de Bento XVI: 'A Igreja não cresce por proselitismo, mas por atração'". FRANCISCO. Carta apostólica a todos os consagrados, por ocasião do Ano da vida consagrada. Brasília: Edições CNBB, 2014, n. 1. (Documentos Pontifícios, 19.)

[10] XV ASSEMBLEIA GERAL ORDINÁRIA DO SÍNODO DOS BISPOS. *Instrumentum Laboris*: "Os jovens, a fé e o discernimento vocacional". Cidade do Vaticano, 8 de maio de 2018, n. 103.

[11] FRANCISCO. *Discurso por ocasião do encontro com o clero, os religiosos e os diáconos permanentes: visita pastoral a Pompeia e Nápoles*. Nápoles, 21 de março de 2015.

Deus, isso é um mau sinal. Quer dizer que se busca abrigo do vento do Espírito".[12]

Opacidade da atração

10. Somos chamados a despertar o encanto da radicalidade evangélica, ofuscada na sua percepção, dentro e fora de nós. A dificuldade e o mal-estar minam, na verdade, a credibilidade de uma forma de vida que vê a diminuição de sua apreciação como projeto global, percebido como estranho à cultura do nosso tempo. O Papa Francisco interceptou muitas vezes os seus sinais. O pontífice elenca alguns deles: "individualismo, espiritualismo, confinamento em mundos pequenos, dependência, instalação, repetição de esquemas preestabelecidos, dogmatismo, nostalgia, pessimismo, refúgio nas normas" (GeE, n. 134). A pessoa consagrada não é um burocrata nem um funcionário, mas uma pessoa apaixonada que não sabe viver na "mediocridade tranquila e anestesiadora" (GeE, n. 138). Especialmente na *Carta aos consagrados,* o papa afirma enfaticamente: "entre nós não se vejam rostos tristes, pessoas desgostosas e insatisfeitas, porque 'um seguimento triste é um triste seguimento'. Também nós, como todos os outros homens e mulheres, sentimos dificuldades, noites do espírito, desilusões, doenças, declínio das forças devido à velhice. Mas, nisso mesmo, deveremos encontrar a 'perfeita alegria', aprender a reconhecer o rosto de Cristo, que em tudo se

---

[12] FRANCISCO. *Homilia por ocasião da Solenidade de Pentecostes.* Cidade do Vaticano, 20 de maio de 2018.

fez semelhante a nós, e, consequentemente, sentir a alegria de saber que somos semelhantes a ele que, por nosso amor, não se recusou a sofrer a cruz. Em uma sociedade que ostenta o culto da eficiência, da saúde, do sucesso, e que marginaliza os pobres e exclui os 'perdedores', podemos testemunhar, através da nossa vida, a verdade destas palavras da Escritura: 'Quando sou fraco, então é que sou forte' (2Cor 12,10)".[13]

"A tentação da sobrevivência transforma em perigo, em ameaça, em tragédia aquilo que o Senhor nos dá como uma oportunidade para a missão. Essa atitude não é própria apenas da vida consagrada, mas nós, em particular, somos convidados a nos precaver de cair nela."[14]

Inadequada avaliação das dificuldades

11. Somos também convidados a superar uma certa relutância ao falar das nossas dificuldades ou fraquezas, porque na vida consagrada toda denúncia – na verdade – pode se tornar uma autodenúncia: ninguém pode fugir dos problemas que preocupam ou afligem uma comunidade, uma província e o Instituto. Não parece ainda tão evidente que mal-estar, dificuldade e crise são ocasiões de construtivo e pacato confronto, e não de polêmicas estéreis ou,

---

[13] FRANCISCO. Carta apostólica a todos os consagrados, por ocasião do Ano da vida consagrada. Brasília: Edições CNBB, 2014, cap. II, n. 1. (Documentos Pontifícios, 19.)

[14] FRANCISCO. *Homilia por ocasião da XXI Jornada Mundial da Vida Consagrada*. Cidade do Vaticano, 2 de fevereiro de 2017.

pior, de manifesta indiferença. Ainda permanece aberto o caminho da superação de uma mentalidade que vê as situações problemáticas quase obscurecidas, no temor ou na relutância em expor as fraquezas. Em contraposição, assistimos, impotentes, ao fenômeno – muitas vezes estigmatizado pelo Papa Francisco – do "terrorismo das fofocas", que certamente não ajuda a construir um clima de serena e respeitosa convivência. Avaliam-se as estatísticas do próprio Instituto como resultado inevitável da desorientação e da incerteza dos tempos, sem pôr-se o questionamento de que talvez sejam também insucessos e fracassos da instituição. Publicam-se as entradas, privatizam-se as saídas, com inconsciente tendência a distanciar-se destas últimas.

CAPÍTULO 2

INSTÂNCIAS A SEREM INTERPRETADAS E DINÂMICAS A SEREM CONVERTIDAS

Processos de construção da identidade

12. Fraquezas, dificuldades, fragilidades – na origem do incômodo – podem reconduzir a processos de construção da identidade que, no contexto cultural atual, se tornaram cada vez mais complexos, seja em nível de sensibilização/consciência, seja em nível de individualização/diferenciação e, portanto, de aceitação de si e da própria incompletude. A dificuldade para identificar-se consigo mesmo, seja no componente psicossexual, seja nas dimensões cognitiva e emotiva, está na origem de muitas formas de dificuldade relacional, de desajustes e até de graves formas de psicopatologia. O léxico *crise* e suas declinações parecem ser o denominador comum de situações muito diferenciadas; inclusive, não raro, de desvios existenciais extremos. Se a crise se apresenta ou se resolve como risco ou oportunidade, pode-se verificar pelos seus êxitos. Dificuldades que ferem a humanidade do consagrado ou da consagrada podem se tornar lugar de purificação, transformação e sabedoria, por meio da experiência necessária da graça, que torna possível a obediência ao chamado (2Cor 12,9).

Na perspectiva do Mistério pascal, a admissão da própria fragilidade manifesta que o limite, ligado à nossa condição de seres mortais, nos convida a considerar o ambiente ao nosso redor com os olhos da confiança e não da desconfiança, agindo como se alguém nos quisesse surpreender nas nossas presumidas ou reais deficiências. Os fechamentos alimentam a desconfiança e não reduzem os possíveis riscos e danos, nem o medo de fracassar. Em todo caso, foi diminuída em nós a confiança na fidelidade de Deus, o qual nos sustenta e com o qual podemos contar. Confiar-se é o princípio de toda práxis salvífica. O chamado ao seguimento do seu Filho comporta entregar-se a essa confiança, mesmo na experiência da infidelidade e do pecado. Deus, entregando Cristo à história dos homens, tornou-o "causa de salvação eterna para todos os que lhe obedecem" (Hb 5,9).

O obscurecimento da fé

13. "A confiança deve crescer – afirma o Papa Francisco – exatamente quando as circunstâncias nos jogam no chão."[1] Trata-se de circunstâncias marcadas, às vezes, pelo sofrimento devido a amargas provas sofridas dentro ou fora do Instituto; de quedas, muitas vezes involuntárias, mas às vezes voluntárias, nas quais a confiança em Deus vem deposta e a desconfiança em si mesmo assume o controle. Depois assumem outros ídolos que "provocam um grande

---

[1] FRANCISCO. *Homilia por ocasião da liturgia de ação de graças no 200º aniversário da reconstituição da Companhia de Jesus*. Roma, 27 de setembro de 2014.

vazio existencial".[2] Nesse vazio, a fé aparece como "uma luz ilusória" (LF, n. 2)[3] e acaba por "ser associada com a escuridão. (...) Quando falta a luz, tudo se torna confuso: é impossível distinguir o bem do mal, diferenciar a estrada que conduz à meta daquela que nos faz girar repetidamente em círculo, sem direção" (LF, n. 3). Não é um caminho na noite, mas o colapso do caminho, até a decisão, às vezes improvisada e sem diálogo e confronto, de abandonar o Instituto. Essa decisão esconde, algumas vezes, a rejeição de se fazer ajudar, negando-se a possibilidade de ser novamente visitado pelo alto (Lc 1,78).

Não menos preocupante é a condição de quem sobrevive à ausência de Deus, mesmo permanecendo na convivência comunitária. Conscientemente ou não, induz-se uma dificuldade generalizada, que torna irmãos, irmãs e superiores impotentes para encontrar uma solução e conter tensões e mal-estares que arriscam comprometer os equilíbrios comunitários.

O modo de entender e viver o celibato consagrado

14. Entre os processos de difícil construção da própria identidade, evidencia-se seguramente o modo de entender e viver o celibato consagrado. As chamadas crises afetivas

---

[2] FRANCISCO. *Discurso aos participantes da Plenária da Congregação para os Institutos de Vida Consagrada e as Sociedades de Vida Apostólica.* Cidade do Vaticano: 28 de janeiro de 2017.

[3] FRANCISCO. Carta encíclica *Lumen Fidei.* Brasília: Edições CNBB, 2013. (Documentos Pontifícios, 16.)

são sujeitas a diversas variáveis e a situações muitas vezes sofridas, não sem implicações dramáticas. Também não se pode dizer que isso acontece sem influências de um contexto cultural narcisista, que tende a exaltar o prazer e a reivindicar uma liberdade sem limites, especialmente no âmbito da vida afetiva e sexual. Poucas vezes as palavras do pontífice ressoaram tão severamente, senão contra uma das "atitudes mais negativas de um religioso: refletir-se a si mesmo, o narcisismo".[4] A crise de identidade torna mais difícil compreender e viver o celibato consagrado como identidade e como projeto. Os processos requeridos nesse caminho de amadurecimento pressupõem uma lúcida e disponível capacidade de decisão e um amor livre da necessidade de posse, contra toda forma de dependência afetiva. Além disso, não são subestimados comportamentos ingênuos no modo de viver a amizade e as relações interpessoais. Um maior realismo e um melhor conhecimento dos próprios limites deveriam conduzir para a aquisição de uma maior prudência. Conscientes da nossa fragilidade, não nos iludimos sobre sermos capazes de controlar os nossos sentimentos e as paixões por eles geradas.

Liquidez da fidelidade

15. A difícil compreensão do celibato consagrado não pode abstrair-se da chamada "questão do vínculo". Tal problemática deve ser levada em séria consideração, seja

---

[4] FRANCISCO. *Discurso por ocasião do Congresso Internacional para os Jovens Consagrados.* Cidade do Vaticano, 17 de setembro de 2015.

para compreender e para prevenir alguns fenômenos que conduzem inevitavelmente à não perseverança, seja para ajudar, acompanhar, cuidar de quantos manifestem formas de dificuldade relacional e psíquica ou formas variadas de desajustamento. O mundo dos consagrados e das consagradas foi exposto a uma cultura dispersiva de dissipação ou consumo dos sentimentos: permanecer fiéis não é mais óbvio; permanecer assim a vida inteira, muito menos. A fidelidade é uma virtude que pertence constitutivamente à liberdade e permite ao sujeito em busca-discernimento formar-se à luz da verdade e do bem retamente entendidos. A crise atual da fidelidade acompanha *pari passu* a crise de identidade e, também, a crise do sentido de pertença às instituições, uma vez que se considera toda ligação como empobrecedora ou obstaculizante da liberdade. O dom de si no seguimento do Senhor é uma entrega da vida por amor, mas hoje pode parecer que este último tenha um limite. Na verdade, a fragilidade das relações não é denunciada em vista de uma recuperação, mas muitas vezes indicada qual sinal evolutivo da nossa civilização.

O sentido de um vínculo orientado por regras

16. Aos problemas críticos já assinalados, é preciso acrescentar os influxos de uma mal-entendida concepção de liberdade, que relativiza o sentido de um vínculo orientado por regras. Tal mentalidade é reforçada por uma linguagem difundida que tende a desvalorizar o sentido da mediação das instituições e das regras e que pode alimentar um enganoso sentido da autonomia invocada em nome da espontaneidade, do imediatismo, da reivindicação dos próprios espaços, mesmo quando esses possam comprometer a busca do bem comum. As mediações se encarregam – para todos – de oferecer oportunidade de valorização dos recursos humanos, espirituais, profissionais e, não menos importantes, normativos. Ninguém esconde seus limites, os quais, na verdade, são também os nossos limites. As mediações das instituições e das regras na vida consagrada nos encorajam a considerar nós mesmos como irmãos e irmãs no vínculo da fraternidade e da sororidade. O individualismo e os chamados caminhos paralelos frequentemente abrem a estrada para a saída do Instituto. Quando se dá excessivo relevo à individualidade, distraímo-nos do compromisso de ver o nosso bem-estar como ligado e dependente daquele da comunidade, bem como de fortalecer, portanto, a coerência de todos na fidelidade do seguimento a uma regra.

Relação com o tempo e o espaço

17. Um outro ponto nodal para interpretar corretamente o incômodo é a relação com o tempo e o espaço, coordenadas essenciais de todo crescimento e desenvolvimento. As transições e os consequentes desafios e/ou crises ligados à idade realçam o quanto é importante uma correta relação com o tempo e o espaço. A perda de tempo, de modo especial, empobrece a fidelidade e a perseverança. Arrisca-se viver um tempo alienado, mundano; um tempo do "tudo e imediato", um viver a jornada, com um diletantismo que flui na instabilidade, não somente de caráter, mas sobretudo ministerial, ou com recorrentes intenções de transferência.

Semelhante fenômeno está longe de ser marginal nos nossos ambientes. Saber gerir o tempo é sinal de uma sadia autonomia e, portanto, de uma madura capacidade de escolha. Não se subestima o fenômeno de consagrados e consagradas no limite do *burnout* e outros, em vez disso, violando a lei do trabalho. Ambos os fenômenos são bastante encontrados na vida consagrada. As pessoas consagradas estreitaram uma aliança com Deus e com os irmãos e as irmãs. Então, o tempo que vivem é na aliança com a "testemunha fiel" (Ap 3,14), Jesus Cristo, aquele que pedirá a prestação de contas do tempo deles.

Difíceis relações interpessoais e comunitárias

18. A situação de mal-estar produzida pela dificuldade – e, às vezes, pela impossibilidade – de relações e de comunicação interpessoal constitui um outro nó crítico na origem de múltiplas formas de incômodo ou fragilidade. Na vida consagrada, a fraternidade sofre contratempos, até justificar estilos de vida medíocres, agregações ocasionais, convivências toleradas. Onde os relacionamentos interpessoais se reduzem a um formal respeito recíproco, a encontros funcionais para o serviço, a atos comuns marcados pelo relógio; onde os encontros comunitários fazem sofrer, como se fossem obrigações devidas, e as variações na rotina diária são vistas como ameaças ao viver tranquilo, surgem as condições do progressivo esvaziar-se do sentido de fraternidade, e não deve surpreender que o primeiro abandono se realize com o distanciamento da própria comunidade. Contra essas tentações, o Papa Francisco nos exorta a recuperar o valor da vida comunitária, que preserva a "tendência ao individualismo consumista que acaba por nos isolar na busca do bem-estar à margem dos outros" (GeE, n. 146).

Experiência de solidão

19. Dificuldades ligadas às relações interpessoais podem desencadear o incômodo, sobretudo na vida consagrada, de uma difusa e sofrida experiência de solidão – como experiência pessoal –, mesmo em contextos em que permanecem a atenção e o envolvimento dos irmãos e das irmãs. A solidão da pessoa consagrada pode expor a riscos, enquanto estar circundados pelos irmãos e irmãs – pessoas com as quais se convive e com as quais se está ligado por vínculos de estima e amizade – é uma oportunidade que ajuda a romper um círculo de isolamento no qual se tenha fechado. A solidão se transforma em isolamento quando leva a "refugiar-se nas próprias certezas, seguranças, nos próprios espaços; quando tende a desinteressar-se da vida dos outros, instalando-se em pequenas 'empresas domésticas' (...). São situações que desembocam em uma tristeza individualista; tristeza que, pouco a pouco, vai dando lugar ao ressentimento, à lamentação contínua, à monotonia".[5] A solidão, ao invés, se torna fecunda, quando é habitada pela presença de Deus, ao qual se entregou a própria vida,

---

[5] FRANCISCO. *Homilia: viagem apostólica a Cuba, aos Estado Unidos da América e visita à sede da Organização das Nações Unidas* (19-28 de setembro de 2015). La Habana (Cuba), 20 de setembro de 2015.

e pela presença dos irmãos e das irmãs, presenças providenciais, que ajudam a sair de si mesmo para redescobrir o dom do outro.

Tensões entre comunidade e missão

20. Outro elemento crítico se pode reconhecer na tensão entre comunidade e missão, entendida positivamente como "tensão no sentido vital, tensão de fidelidade".[6] Tal tensão, se não superada ou resolvida, pode engendrar conflitos, induzir insatisfações e/ou desilusões, especialmente se associada ao ativismo ou ao individualismo. Ela pode oferecer-se como oportunidade de criatividade e de inovação, desde que vivida como ocasião de investimento de novas energias e, sobretudo, de convergência projetual. Uma fecunda elaboração da tensão leva a uma mudança pessoal e comunitária que "consiste em uma conversão do nosso olhar: procuremos ver uns aos outros em Deus e saber colocarmo-nos também sob o ponto de vista do outro: eis um desafio duplo ligado à busca da unidade, (...) dentro da comunidade religiosa".[7] Pode-se compreender bem que tensões não resolvidas, frequentemente degeneradas em abertas conflitualidades, alimentam os desafetos na comunidade, minam o sentido de pertença ao Instituto e, por último, podem desmotivar

---

[6] FRANCISCO. *Discurso por ocasião do Encontro com Religiosas e Religiosos da Diocese de Roma*. Cidade do Vaticano, 16 de maio de 2016.

[7] FRANCISCO. *Discurso aos participantes no Colóquio Ecumênico de religiosos e religiosas, promovido pela Congregação para os Institutos de Vida Consagrada e as Sociedades de Vida Apostólica*. Cidade do Vaticano, 24 de janeiro de 2015.

a tal ponto a própria escolha de vida, que o abandono do Instituto é considerado a única saída.

Gestão do mundo digital

21. Nas nossas comunidades, especialmente em situações comunitárias problemáticas, pode-se verificar uma inadequada gestão do mundo digital e, consequentemente, a busca de um refúgio nos espaços da comunicação oferecidos pelas novas tecnologias, pelas redes sociais em particular. Como nos recorda o Papa Francisco, "existem aspectos problemáticos: a velocidade da informação supera a nossa capacidade de reflexão e discernimento e não permite uma expressão equilibrada e correta de si mesmo. A variedade das opiniões expressas pode ser sentida como riqueza, mas é possível também se fechar em uma esfera de informações que correspondam apenas às nossas expectativas e às nossas ideias, ou mesmo a determinados interesses políticos e econômicos. O ambiente de comunicação pode ajudar-nos a crescer ou, pelo contrário, desorientar-nos. O desejo de conexão digital pode acabar por nos isolar do nosso próximo, de quem está mais perto de nós".[8] Além disso, não se pode evitar o questionamento sobre o tipo de vínculos que se estabelecem por meio da comunicação midiática, sempre mais difundida e frequente também nas nossas comunidades. Crescem formas de dependência psicológica que abrem o caminho para outras formas de dificuldade

---

[8] FRANCISCO. *Mensagem para a XLVIII Jornada Mundial das Comunicações Sociais: comunicação a serviço de uma autêntica cultura do encontro*. Cidade do Vaticano, 1º de junho de 2014.

e de fragilidade: "os meios de comunicação – observa o Papa Francisco – podem expor ao risco de dependência, isolamento e perda progressiva de contato com a realidade concreta, dificultando o desenvolvimento de relações interpessoais autênticas. Novas formas de violência são disseminadas através das mídias sociais, por exemplo, *cyberbullying*; a *web* é também um canal para divulgação de pornografia e exploração de pessoas para fins sexuais ou mediante os jogos de azar" (ChV, n. 88).[9]

Relação com o poder e a posse

22. Presentes em toda relação humana, "as ambições de poder e os interesses mundanos jogam contra nós" (GeE, n. 91), "até aqueles que aparentemente dispõem de sólidas convicções doutrinais e espirituais acabam, muitas vezes, por cair em um estilo de vida que os leva a agarrarem-se a seguranças econômicas ou a espaços de poder e de glória humana que se buscam por qualquer meio, em vez de dar a vida pelos outros na missão" (EG, n. 80). O documento *Para vinho novos, odres novos* expressou preocupação acerca da "permanência de estilos e práxis de governo que se distanciam ou contradizem o espírito de serviço, até degenerar em formas de autoritarismo".[10]

---

[9] FRANCISCO. Exortação apostólica pós-sinodal *Chritus Vivit*. Brasília: Edições CNBB, 2019. (Documentos Pontifícios, 37.)

[10] CONGREGAÇÃO PARA OS INSTITUTOS DE VIDA CONSAGRADA E AS SOCIEDADES DE VIDA APOSTÓLICA. *Para vinhos novos, odres novos: a vida consagrada desde o Concílio Vaticano II e os desafios ainda em aberto*. Brasília: Edições CNBB, 2017, n. 43.

Segunda parte

REAVIVAR A CONSCIÊNCIA

CAPÍTULO 1

FIDELIDADE E PERSEVERANÇA

Memoria Dei

23. A fidelidade confronta-se com o tempo, com a história, com a vida quotidiana. Se a fidelidade é virtude essencial a toda relação interpessoal, a perseverança é a virtude específica do tempo: elas interpelam sobre a relação com o outro. No tempo atual, fragmentado e sem vínculos, essas realidades se configuram como um desafio para cada pessoa e, especialmente, para o cristão. Mas como reconhecer a própria fidelidade, se não a partir da fidelidade daquele que é fiel (1Ts 5,24) e pela fé nele? O fiel é aquele que tem conjuntamente a memória e o presente; isso pode permitir-lhe ser perseverante. A perseverança, de fato, não pode deixar de ser sustentada por uma *memoria Dei*. Nesse sentido o cristão, capaz de *memoria Dei*, conhece e recorda o agir do Senhor. É uma memória que envolve o coração do homem, sede da sua vontade e da sua mente. Uma memória sempre renovada da fidelidade divina e daquilo que pode suscitar e sustentar a fidelidade do fiel.

Deus é fiel

24. O Papa Francisco exorta frequentemente a fazer memória, a recordar o amor de predileção de Cristo e especifica: "'podemos dizer algo sobre o amor esponsal de Jesus com a Igreja'. Um amor que tem 'três características: é fiel; é perseverante; não se cansa de amar a sua Igreja; é fecundo' (...) A fidelidade – disse o pontífice – faz parte do ser do amor de Jesus".[1]

O tema da *fidelidade* e o da *perseverança* são centrais na Palavra de Deus. A fidelidade – *hesed* – é, na verdade, um dos principais atributos de Deus: Deus é fiel. Toda a história da salvação não é mais que a narrativa dessa Aliança entre Deus e o criado, entre Deus e o seu povo, Israel, entre Deus e a humanidade inteira. Bondade e fidelidade caracterizam a natureza de Deus e todo o seu agir em relação ao povo eleito, mas também para com toda a criação.

Deus promete não trair jamais a sua Aliança, mas permanecer fiel a ela no tempo. Supera a cólera e assume o mal do homem, para que pudesse voltar a ser fiel a ele, com a liberdade que o perdão lhe restitui. Essa constante adesão à Aliança nada mais é do que a fidelidade de Deus à sua promessa. O profeta Oseias dá conta dessa fidelidade de Deus como êxito do seu amor tenaz para com o povo por meio da sugestiva imagem do Matrimônio: "Por isso, eis que eu a seduzirei, a conduzirei ao deserto e lhe falarei ao coração (...) Farei em favor deles, naquele dia, uma aliança (...) Eu te desposarei a mim para sempre. Eu te desposarei a mim na justiça e no direito, no amor e na misericórdia. Eu

---

[1] FRANCISCO. Três amores para um Matrimônio. In: *Homilias da manhã na Capela da Domus Sanctae Marthae*. Brasília: Edições CNBB, 2015, p. 200-203. v. III.

te desposarei a mim na fidelidade. E conhecerás o Senhor" (Os 2,16ss). A fragilidade evidente e repetida de Israel não golpeia o "Rochedo" (Dt 32,4) da fidelidade de Deus, como canta o salmista: "Tua fidelidade se estende de geração em geração" (Sl 119,90).

Cristo ícone de fidelidade

25. Daqui deriva a resposta humana: uma fidelidade que é em primeiro lugar *fé* e *confiança* (como revela a tradução grega de *fidelidade*, que usa *pistis/pisteuein* [fé/crer] e os seus derivados), confiança e adesão às promessas e aos preceitos da Aliança. "Todos os caminhos do Senhor são misericórdia e verdade, para os que guardam sua aliança e seus testemunhos" (Sl 25,10).

Mesmo que Israel não tenha sido *servo fiel*, tenha se perdido e imitado muito a infidelidade da geração que atravessou o deserto – "geração rebelde e obstinada (...) cujo espírito não foi leal a Deus" (Sl 78,8) –, Deus não cessou de dar prova de fidelidade: "com amor eterno [se compadeceu] de ti" (Is 54,8).

Os temas da relação e da recuperação da relação, não obstante as infidelidades e o mal do homem, caracterizam toda a História da Salvação até a vinda de Jesus, que se torna o fiel do seu Pai e, por isso mesmo, o fiel da humanidade frágil, inclinada ao mal, mas diante da qual ele propõe constantemente a sua promessa de salvação. O *amém* à fidelidade é Jesus Cristo (2Cor 1,20; Ap 3,14). A vinda de Cristo, a sua encarnação, é a promessa que se realiza. Jesus é a "testemunha fiel", como o define o Apocalipse (1,5), o servo "fiel e verdadeiro" (Ap 19,11), no qual se cumpre "tudo o que está escrito (...) na Lei de Moisés, nos profetas e nos Salmos" (Lc 24,44). Nele todas as promessas de Deus são mantidas (2Cor 1,20). Em Cristo vem manifestada a fidelidade de Deus (1Ts 5,23-24).

Cristo, testemunha fiel, ensina ao homem a fidelidade, é ícone dela; é fidelidade a Deus Pai. Convida os homens a serem fiéis à sua Palavra. A nós foi dada a graça e pedida a resposta da *fidelidade* ao Pai por meio do Filho, que nos amou e deu a si mesmo por nós. Um dos títulos primitivos dos cristãos será exatamente aquele de *fiéis*, para indicar a fidelidade em Cristo (At 10,45; Ef 1,1), animada pelo amor (Jo 15,9s). Paulo utiliza frequentemente essa palavra, seja para pessoas, seja para comportamentos, e menciona, entre os frutos do Espírito, também a *fidelidade* (Gl 5,22).

"Esta fidelidade nunca a podemos conquistar com as nossas próprias forças, não é apenas fruto do nosso compromisso cotidiano; ela vem de Deus e está fundada no 'sim' de Cristo, que afirma: 'o meu alimento é cumprir a vontade do Pai' (Jo 4,34). É nesse 'sim' que devemos entrar, entrar nesse 'sim' de Cristo, na adesão à vontade de Deus, para chegar a afirmar com São Paulo que já não somos nós que vivemos, mas é o próprio Cristo que vive em nós."[2]

---

[2] BENTO XVI. *Audiência Geral*. Cidade do Vaticano, 30 de maio de 2012.

A fidelidade vive do encontro

26. O encontro com Deus envolve o homem na sua inteireza: somos chamados a viver a total confiança de nós mesmos, intelecto e vontade, mente e coração, firmeza e doçura do consentimento. A fé é o mistério do encontro, feito pelo Espírito, entre o Pai e o Filho no coração do homem que acolhe o Verbo e se deixa conformar a ele.

O encontro com o Senhor abre o discípulo à plenitude da vida. Essa participação na vida da Trindade se manifesta em um estilo no qual Deus é Tudo e tudo faz referência a ele: "pois já vos despojastes do homem velho e da sua maneira de agir, e vos revestistes do homem novo, o qual vai sendo sempre renovado à imagem do seu criador" (Cl 3,9s). A Trindade vive na existência de quem responde o chamado à *sequela Christi* com a entrega do próprio ser: "A vida consagrada é anúncio daquilo que o Pai, pelo Filho no Espírito, realiza com o seu amor, a sua bondade, a sua beleza" (VC, n. 20).[3]

Perseverar: memória e esperança

27. O termo *perseverança* aparece nos Evangelhos sinóticos com uma fórmula idêntica em Mateus e Marcos:

---

[3] SÃO JOÃO PAULO II. Exortação apostólica pós-sinodal *Vita Consecrata*. In: CONGREGAÇÃO PARA OS INSTITUTOS DE VIDA CONSAGRADA E AS SOCIEDADES DE VIDA APOSTÓLICA. Textos fundamentais para a vida consagrada. Brasília: Edições CNBB, 2015, p. 33-178. (Documentos da Igreja, 20.)

"quem perseverar até o fim, esse será salvo" (Mt 10,22b; 24,13; Mc 13,13); e com conteúdo semelhante em Lucas: "Por vossa perseverança salvareis a vossa vida!" (Lc 21,19).

Jesus mesmo dirige aos seus discípulos o convite à perseverança direta e pessoalmente no solene contexto da ceia pascal: "Vós sois os que têm permanecido comigo em minhas provações" (Lc 22,28). Ele anuncia aos seus discípulos que deverão afrontar as suas provações, e parece reconhecer os seus por sua disponibilidade a suportar as suas provações por todo tempo ao longo do qual ele perseverou, até a dar a vida por eles (Jo 13,1). Antes que a essa perseverança *até o fim*, Jesus exorta o seus a perseverar no cuidado com a Palavra escutada "com um coração bom e generoso" (Lc 8,15) e a dar fruto. Também a Escritura, de fato, se revela fonte de perseverança, de consolação e de esperança e, ao mesmo tempo, motivo das perseguições que serão enfrentadas (Rm 15,4).

Os textos evangélicos já apresentam alguns dos temas peculiares da sucessiva tratativa neotestamentária sobre a *perseverança*, qual caráter necessário e qualificador dos cristãos. A Carta de São Tiago abre-se, de maneira exemplar, exatamente como uma exortação à perseverança: "Considerai uma grande alegria, meus irmãos, quando tiverdes de passar por diversas provações, pois sabeis que a prova da fé produz em vós a paciência. Ora, a paciência deve levar a uma obra perfeita: que vos torneis perfeitos e íntegros, sem falta ou deficiência alguma" (Tg 1,2-4).

A perseverança é entendida antes de tudo como *paciência*, como capacidade de sofrer provações que preparem para ser *perfeitos* e *íntegros*.

A perseverança vivida e testemunhada por Paulo é a virtude de quem combate para testemunhar a fidelidade a Cristo (1Tm 6,11-12). O cristão é chamado à perseverança no modelo de Cristo, como afirmado pelo próprio Jesus (Lc 22,28).

28. A Carta aos Hebreus convida a afrontar "com perseverança na competição que nos é proposta, com os olhos fixos em Jesus, que vai à frente da nossa fé e a leva à perfeição" (Hb 12,1-2). Na perseverança, revela-se o amor autêntico por Cristo de quem fixa os olhos do coração e da mente sobre ele, como um atleta fixa a linha de chegada. Quando na vida falta a finalidade, tudo se torna pesado, vazio de sentido e o amor mostra a sua inconsistência.

"O autor da Carta aos Hebreus diz 'tendes somente necessidade de perseverança'. 'É necessário perseverança porque, feita a vontade de Deus, obtendes aquilo que vos foi prometido.' 'Perseverança para chegar à promessa.' E 'o caminho da promessa tem momentos belos, momentos luminosos, momentos obscuros'."[4] O papa recomenda perseverar seguindo sempre as duas indicações propostas pelo apóstolo: memória e esperança. Memória dos dias felizes do encontro com o Senhor: "por exemplo, quando fiz uma

---

[4] FRANCISCO. *Meditação matinal na* capela da *Domus Sanctae Marthae*: memória e esperança. Cidade do Vaticano, 1 de fevereiro de 2019.

obra boa e senti o Senhor próximo (...) quando escolhi entrar no seminário, na vida consagrada".[5] O autor da carta sugere recordar aqueles momentos, os primeiros dias, onde tudo era luminoso. A segunda indicação é a esperança: "quando o diabo nos ataca com as tentações, com os vícios, com as nossas misérias, olhemos sempre para o Senhor, a perseverança da cruz, recordando os primeiros momentos belos do amor, do encontro com o Senhor e a esperança que nos espera".[6]

O dom do Deus da Aliança é também a perseverança das pessoas consagradas, "testemunho eloquente, mesmo sem palavras, do Deus fiel, cujo amor é sem fim".[7] Nascida da experiência viva do Amor que salva, à luz da fidelidade do Deus Pai, Filho e Espírito Santo, a vida consagrada encontra o seu sentido no dinamismo da fidelidade (VC, n. 70).

Perseverar na fidelidade

29. A partir dos textos conciliares, o binômio "fidelidade-perseverança" caracterizou o Magistério sobre a vida consagrada. O Concílio, como também os textos posteriores, não entende os dois termos como sinônimos, mas como aspectos inseparáveis de uma única atitude espiritual: a perseverança é uma qualidade indispensável à fidelidade.

---

[5] Idem.

[6] Idem.

[7] CONGREGAÇÃO PARA OS RELIGIOSOS E OS INSTITUTOS SECULARES. *Elementos essenciais do ensino da Igreja sobre Institutos dedicados ao apostolado*. Roma, 31 de maio de 1983, n. 37.

Sobretudo nos documentos do Concílio e naqueles imediatamente sucessivos, a perseverança aparece como um atributo típico da fidelidade, uma qualidade constitutiva dela, que vem conjugada com a humildade.

O n. 46 da Constituição dogmática *Lumen Gentium* exprime explicitamente a grandeza da vida de especial consagração que prolonga, na história – por meio do sinal e da obra das pessoas consagradas –, a presença de Cristo: "o Sagrado Sínodo confirma e louva os homens e as mulheres, irmãos e irmãs, que, nos mosteiros ou nas escolas e nos hospitais, ou nas missões, com perseverante e humilde fidelidade à predita consagração, honram a Esposa de Cristo e a todos os homens prestam generosos e variadíssimos serviços" (LG, n. 46).[8] A própria vida dos consagrados e das consagradas é, portanto, definida por meio da sua perseverante e humilde fidelidade à consagração.

Amor total e exclusivo

30. São Paulo VI, no seu Magistério sobre o sacerdócio e a vida consagrada, afirmava o valor da fidelidade perseverante e da totalidade da doação das pessoas consagradas. O Santo Pontífice, mesmo quando não a menciona diretamente, descreve a perseverança como sinal de que o consagrado e a consagrada ofereceram irrevogavelmente a própria vida e são plenamente fiéis à própria oferta.

---

[8] CONCÍLIO VATICANO II. Constituição dogmática *Lumen Gentium*. In: SANTA SÉ. Concílio Ecumênico Vaticano II: Documentos. Brasília: Edições CNBB, 2018, p. 75-173.

Na Carta encíclica *Sacerdotalis Coelibatus* de 1967, sobre o celibato dos presbíteros, o mesmo pontífice exortava a um amor autêntico que "é total, exclusivo, estável e perene, além de estímulo irresistível que conduz a todos os heroísmos".[9] No mesmo ano, na *Mensagem para a Jornada Mundial das Vocações*, ele sublinhava ainda a totalidade do chamado à vida de especial consagração: "A palavra vocação adquire uma plenitude de significado, que, sem dúvida, tende a tornar-se, se não exclusivo, específico e perfeito, lá onde se trata de vocação duplamente especial: porque vem diretamente de Deus, como um raio de luz fulgurante nas mais íntimas e profundas reentrâncias da consciência; e porque se exprime praticamente em uma oblação total de uma vida ao único e sumo amor; aquele de Deus e aquele que dele deriva e se faz um só com o primeiro, dos irmãos".[10]

Particularmente incisiva é a Exortação apostólica *Evangelica Testificatio* de 1971, na qual São Paulo VI pedia que os religiosos e as religiosas servissem de testemunhas, para os homens e as mulheres de seu tempo, de uma vida unificada e aberta, que pode ser garantida somente na adesão pessoal ao Deus vivente.[11] O pontífice colocava

---

[9] SÃO PAULO VI. Carta encíclica *Sacerdotalis Caelibatus*. Roma, 24 de junho de 1967, n. 24.

[10] SÃO PAULO VI. *Mensagem para a IV Jornada Mundial de Oração pelas Vocações*. Roma, 5 de março de 1967.

[11] Cf. SÃO PAULO VI. Exortação apostólica *Evangelica Testificatio,* sobre a renovação da vida religiosa, segundo os ensinamentos do Concílio. Vaticano, 29 de junho de 1971, n. 34.

em relação o testemunho das pessoas consagradas com a perseverança da sua vida.

O tema da fidelidade adquire ênfases especiais no Magistério de São Paulo VI aos Institutos seculares, chamando-os ao "dever de ser fiéis", fiéis "à própria vocação", que deve exprimir-se em primeiro lugar na fidelidade à oração: "fundamento da solidez e da fecundidade".[12]

Nos documentos posteriores, a fidelidade foi cada vez mais descrita como um dinamismo de crescimento, no qual a perseverança exige o compromisso necessário e concorde das pessoas consagradas e dos próprios Institutos. A perseverança assume, cada vez mais claramente, o valor de testemunho da fidelidade de Deus à aliança estabelecida com a pessoa consagrada, ainda antes do que aquela dos próprios consagrados ou das consagradas.

Por ocasião do Sínodo sobre a vida consagrada, a relação entre fidelidade e perseverança foi ainda mais aprofundada, e a fidelidade foi assumida qual termo-chave para resumir e descrever os diversos valores essenciais à vida consagrada.

Maria, modelo de perseverança

31. Qual modelo e sustentáculo de tal "perseverança na fidelidade" das pessoas consagradas, foi constantemente indicada a Virgem Santa Maria. São João Paulo II invocou-a

---

[12] SÃO PAULO VI. *Discurso ao I Congresso Mundial dos Institutos Seculares*. Cidade do Vaticano, 25 de agosto de 1976.

na conclusão da Exortação apostólica *Redemptionis Donum*: "Entre todas as pessoas consagradas sem reservas a Deus, ela (a Virgem Imaculada) é a primeira. Ela – a Virgem de Nazaré – é também *a mais plenamente consagrada a Deus*, consagrada da maneira mais perfeita. (...) Perseverando, pois, na fidelidade àquele que é fiel, esforçai-vos por buscar um apoio especialíssimo em *Maria*! Com efeito, ela foi chamada por Deus à comunhão mais perfeita possível com o seu Filho. Que seja ela, a Virgem fiel, também para vós, a Mãe da vossa caminhada evangélica! Que ela vos ajude a experimentar e a mostrar diante do mundo o quanto o próprio Deus é infinitamente fiel".[13]

A expressão "perseverança na fidelidade" constitui uma das chaves interpretativas mais eficazes para ler a Exortação apostólica *Vita Consecrata*. Nela a perseverança põe-se em direta relação com a própria fidelidade, para além das suas diversas expressões. A perseverança, antes mesmo que na fidelidade à regra ou ao carisma, diz respeito exatamente à fidelidade a Deus, em uma espécie de síntese de todo o caminho da reflexão do Magistério.

Itinerário de crescente fidelidade

32. A fidelidade de Deus para com todo homem e toda mulher se manifesta na criatividade, ao longo de toda a História da Salvação. Consequentemente, também

---

[13] SÃO JOÃO PAULO II. Exortação apostólica *Redemptionis Donum,* sobre a consagração dos religiosos e das religiosas à luz do mistério da redenção. Vaticano, 25 de março de 1984, n. 17.

a nossa fidelidade é contrária à fixidez, é chamada a ser dinâmica, como sublinha decididamente *Vita Consecrata* (n. 70), aquilo que se quer conservar torna-se continuamente atual. Fidelidade se conjuga, então, com criatividade: algo deve mudar e algo deve manter-se. O importante é discernir aquilo que deve permanecer daquilo que pode e deve mudar.

"Está aqui o sentido da vocação à vida consagrada: uma iniciativa total do Pai (Jo 15,16), que requer daqueles que escolhe uma resposta de dedicação plena e exclusiva. A experiência desse amor gratuito de Deus é tão íntima e forte que a pessoa sente que deve responder com a dedicação incondicional da sua vida, consagrando tudo, presente e futuro, nas suas mãos" (VC, n. 17).

Se a fidelidade definitiva à especial comunhão de amor com o Pai significa fidelidade à vocação, à consagração e à missão recebidas do próprio Pai, a fidelidade a Cristo funda-se não somente no Batismo, mas na aliança esponsal. "Podemos dizer – escrevia ainda São João Paulo II na *Vita Consecrata* – que a vida espiritual, considerada como vida em Cristo, vida segundo o Espírito, se apresenta como um itinerário de crescente fidelidade, onde a pessoa consagrada é guiada pelo Espírito e por ele configurada com Cristo, em plena comunhão de amor e de serviço na Igreja" (VC, n. 93). Esse ser como ele vem antes de todo serviço, de todo agir, pelo que a fidelidade a Cristo dos consagrados e das consagradas permite-lhes estar em prolongamento na história da especial presença do Ressuscitado (VC, n. 19).

53

É exatamente na fidelidade ao Espírito Santo (VC, n. 62) que todo consagrado pode ser sempre mais fiel à própria identidade (VC, n. 71), na medida em que a virgindade pelo Reino "constitui um reflexo do *amor infinito* que une as três Pessoas divinas na profundidade misteriosa da vida trinitária; amor testemunhado pelo Verbo encarnado até o dom da própria vida; amor 'derramado em nossos corações pelo Espírito Santo' (Rm 5,5), que incita a uma resposta de amor total a Deus e aos irmãos" (VC, n. 21).

33. Nessa luz trinitária, compreendem-se as quatro clássicas fidelidades: "Permanecei sempre disponíveis, fiéis a Cristo, à Igreja, ao vosso Instituto e ao homem do nosso tempo" (VC, n. 110). A fidelidade ao Instituto reenvia explicitamente à Trindade, na medida em que todo carisma é um dom de Deus, que encontra na pessoa humana um co-laborador; nesse sentido, a fidelidade pessoal a permanecer em um determinado Instituto, mesmo admitindo exceções, não é uma questão somente humana, mas reenvia à mais profunda escolha de fidelidade a Deus. A fidelidade ao homem do nosso tempo significa amá-lo e servi-lo segun-do o coração de Cristo e como modelo da Trindade. Uma fidelidade no modelo trinitário não pode deixar de ser como aquela de Deus pelo homem, portanto, uma fidelidade total na medida em que vai até o fundo, até a cruz (VC, n. 86).

Perseverança no caminho de santidade

34. O consagrado, portanto, é chamado por vocação a viver o discipulado e o seguimento, como uma resposta de amor que implica a total adesão a Cristo no dom de toda a vida, se necessário até a oferta de si no martírio.

São João Paulo II reafirmou que uma autêntica perseverança no seguimento, também em todo o seu valor martirial, deve ser vivida pelos consagrados e pelas consagradas na forma simples e cotidiana da constante referência ao próprio carisma fundamental (VC, n. 37).

A perseverança das pessoas consagradas consiste em seguir o percurso fornecido pelas regras e pelas constituições dos Institutos, que inspiram o caminho de santidade no qual o consagrado e a consagrada deve perseverar, com a finalidade de conformar-se a Cristo, para que possam ser testemunhas e copartícipes da sua obra redentora.

Tanto para as comunidades como para cada uma das pessoas consagradas, a *sequela Christi* realiza-se no mistério pascal, para viver naquela "firme confiança no Senhor da história" (VC, n. 63) que, exatamente na perseverança, encontra a atuação e o testemunho mais claro.

Por outro lado, *Vita Consecrata* recorda como "neste século, como em outras épocas da história, homens e mulheres consagrados testemunharam Cristo Senhor, com o dom da própria vida. Contam-se aos milhares aqueles que, escorraçados para as catacumbas pela perseguição de regimes totalitários ou de grupos violentos, hostilizados na atividade missionária, na ação em favor dos pobres, na assistência aos doentes e marginalizados, viveram, e vivem, a sua consagração em um sofrimento prolongado e heroico, chegando muitas vezes até ao derramamento do próprio sangue, plenamente configurados com o Senhor crucificado" (VC, n. 86). A essas mulheres e a esses homens, que perseveraram no amor até dar a vida, a Exortação apostólica confia a tarefa de intercessores pela fidelidade de toda pessoa consagrada (VC, n. 86).

A vida fraterna, lugar da perseverança

35. Depois do Concílio, o Magistério amadureceu e aprofundou uma constante elaboração acerca do papel da vida fraterna na perseverança dos consagrados. Com crescente insistência, na verdade, reconheceu-se, na vida fraterna em comunidade e nas relações que nela se constituem, um dos âmbitos característicos da *sequela Christi* dos consagrados. Por outro lado, muito significativamente, no Magistério conciliar é exatamente a vida em comum o primeiro sujeito chamado à perseverança: "A vida comum, a exemplo do que lhe sucedia na primitiva Igreja, onde a multidão dos fiéis era um só coração e uma só alma (At 4,32), alimentada pela doutrina evangélica, pela sagrada Liturgia e, sobretudo, pela Eucaristia, persevere na oração e na comunhão do mesmo espírito (At 2,42)" (PC, n. 15).[14] A comunidade apostólica de Jerusalém, portanto, é proposta como modelo da vida religiosa, para que possa acolher os desafios que a história contemporânea põe.

---

[14] CONCÍLIO VATICANO II. Decreto *Perfectae Caritatis,* sobre a conveniente renovação da vida religiosa. In: SANTA SÉ. *Concílio Ecumênico Vaticano II*: Documentos. Brasília: Edições CNBB, 2018, p. 435-454.

O Magistério indica os instrumentos por meio dos quais a vida fraterna é vivificada e nutrida: o Evangelho, a Liturgia eucarística e a oração. Tais instrumentos serão constantemente sugeridos nos documentos posteriores, até encontrar aprofundado desenvolvimento na Instrução *Partir de Cristo*.[15] Progressivamente, é evidenciado que, para uma verdadeira vida de comunhão, é essencial não somente a oração, mas a própria perseverança de cada um dos membros da comunidade no caminho pessoal de adesão a Cristo, a qual se realiza também por meio do cuidado das relações comunitárias. Emerge, além disso, que a perseverança de cada um está em relação recíproca com a perseverança da comunidade.

Corresponsabilidade do irmão e da irmã

36. A forte ligação entre uma vida fraterna autenticamente evangélica e a efetiva capacidade de uma comunidade em formar os jovens religiosos foi amplamente reafirmada e aprofundada pela Instrução *Potissimum Institutioni*,[16] que, reenviando mais uma vez à "inspiração fundamental" da Igreja descrita pelos Atos dos Apóstolos, "fruto da

---

[15] CONGREGAÇÃO PARA OS INSTITUTOS DE VIDA CONSAGRADA E AS SOCIEDADES DE VIDA APOSTÓLICA. Instrução *Partir de Cristo*: um renovado compromisso da vida consagrada no Terceiro Milênio. Roma, 19 de maio de 2002.

[16] CONGREGAÇÃO PARA OS INSTITUTOS DE VIDA CONSAGRADA E AS SOCIEDADES DE VIDA APOSTÓLICA. Instrução *Potissimum Institutioni*: orientações sobre a formação nos Institutos religiosos. Roma, 2 de fevereiro de 1990.

Páscoa do Senhor", recorda as condições e as exigências que um tal modelo requer:[17] humilde realismo e atitude de fé, renegação de si e acolhida do Espírito, todos caracteres próprios da perseverança.

37. A Instrução *A vida fraterna em comunidade: Congregavit nos in unum Christi amor*[18] indica a plena maturação do valor fundamental da vida em comum, qual sustentáculo e garantia para a perseverança. "A qualidade da vida fraterna – lê-se na Instrução – tem também forte influência sobre a perseverança de cada religioso. Como a medíocre qualidade da vida fraterna foi frequentemente apontada como motivação de não poucas defecções, assim a fraternidade vivida constituiu e ainda constitui um válido sustentáculo para a perseverança de muitos. Em uma comunidade verdadeiramente fraterna, cada um se sente corresponsável pela fidelidade do outro; cada um dá seu contributo para um clima sereno de partilha de vida, de compreensão, de ajuda mútua; cada um está atento aos momentos de cansaço, de sofrimento, de isolamento, de desmotivação do irmão; cada um oferece seu apoio a quem está aflito pelas dificuldades e provações. Assim, a comunidade religiosa, que sustenta a perseverança de seus componentes, adquire também a força de sinal da perene fidelidade de Deus e, portanto, de sustentáculo para a fé e

---

[17] Cf. idem, n. 26.

[18] CONGREGAÇÃO PARA OS INSTITUTOS DE VIDA CONSAGRADA E AS SOCIEDADES DE VIDA APOSTÓLICA. Instrução *A vida fraterna em comunidade: Congregavit nos in unum Christi amor*. Roma, 2 de fevereiro de 1994.

para a fidelidade dos cristãos, imersos nas vicissitudes deste mundo que parece conhecer cada vez menos os caminhos da fidelidade."[19]

38. As dimensões comunitárias da perseverança retornam, nos documentos mais recentes, com ulteriores focos significativos. A Instrução *Partir de Cristo* identifica propriamente na formação o âmbito direto do compromisso perseverante, seja do Instituto, seja da pessoa consagrada.[20] A Instrução *O serviço da autoridade e a obediência*,[21] enfim, confia ao superior, qual garantidor e promotor de uma vida fraterna autenticamente vivida segundo o Evangelho, o cuidado e a intercessão pela perseverança de cada um dos religiosos que lhe são confiados.[22]

Perseverantes na oração

39. Nos documentos do Magistério, o tema da oração caracteriza a relação entre perseverança e fidelidade. A primeira perseverança que a pessoa consagrada é convidada a conservar é o pedido constante pela graça da fidelidade:

---

[19] Idem, n. 57.

[20] CONGREGAÇÃO PARA OS INSTITUTOS DE VIDA CONSAGRADA E AS SOCIEDADES DE VIDA APOSTÓLICA. Instrução *Partir de Cristo*: um renovado compromisso da vida consagrada no Terceiro Milênio. Roma, 19 de maio de 2002, n. 18.

[21] CONGREGAÇÃO PARA OS INSTITUTOS DE VIDA CONSAGRADA E AS SOCIEDADES DE VIDA APOSTÓLICA. Instrução *O serviço da autoridade e a obediência*: *Faciem tuam, Domine, requiram*. Roma, 11 de maio de 2008.

[22] Idem, n. 30.

"tanto mais humilde e perseverantemente, [peçam] a graça da fidelidade, jamais negada aos que a pedem".[23]

Especialmente a Instrução *Partir de Cristo* aprofundou e desenvolveu a reflexão sobre o papel do Espírito Santo na oração e na perseverança da pessoa consagrada. Convida a abrir-se ao sopro vivificante do Espírito Santo, que se torna artífice da necessária perseverança da pessoa consagrada.[24]

A ação do Espírito Santo não atenua de modo algum a responsabilidade da pessoa consagrada. Ao contrário, exatamente a perseverança do consagrado constitui o âmbito e o meio próprio daquele combate espiritual que põe em ação todas as suas virtudes humanas, o faz sujeito livre no cuidado dos dons da graça recebidos e permite-lhe a cada dia renovar o valor na dinâmica incessante da conversão. O Magistério não descuidou desse aspecto fundamental da perseverança.

A formação, fundamento da perseverança

40. A crescente consciência da importância da formação na perseverança da pessoa consagrada e na sua capacidade de lutar por ela encontra na Instrução *Potissimum Institutioni* a sua expressão mais madura e completa. Todo

---

[23] CONCÍLIO VATICANO II. Decreto *Presbiterorum Ordinis*. In: SANTA SÉ. Concílio Ecumênico Vaticano II: Documentos. Brasília: Edições CNBB, 2018, p. 589-636, n. 16.

[24] CONGREGAÇÃO PARA OS INSTITUTOS DE VIDA CONSAGRADA E AS SOCIEDADES DE VIDA APOSTÓLICA. Instrução *Partir de Cristo*: um renovado compromisso da vida consagrada no Terceiro Milênio. Roma, 19 de maio de 2002, n. 10.

o documento parece mover-se exatamente pela vontade de revigorar, por meio de percursos formativos adequados, a qualidade da vida consagrada e a perseverança de cada uma das pessoas consagradas. A pessoa é chamada a abrir-se a duas atitudes definitivas fundamentais, típicas do combate espiritual: "a humildade que se abandona à sabedoria de Deus, à ciência; e a prática do discernimento espiritual, para poder reconhecer a presença do Espírito em todos os aspectos da vida e da história".[25] O documento recorda que, no discernimento da vontade de Deus, é necessária também a mediação humana de um guia espiritual, graças ao qual a pessoa consagrada poderá exercitar aquela abertura do coração que constitui um outro meio dentre os mais tradicionais e importantes do combate espiritual. Isso não diminui em nada a responsabilidade de cada um com a própria formação.[26]

41. Em tal dinamismo, compreende-se a importância da formação contínua, que solicita, seja à pessoa consagrada, seja ao Instituto, "a verificar continuamente a própria fidelidade ao Senhor, a docilidade ao seu Espírito, (...) a constância na entrega, a humildade em superar os contratempos".[27]

À dimensão comunitária do combate espiritual rumo à santidade faz referência repetidamente também São João

---

[25] CONGREGAÇÃO PARA OS INSTITUTOS DE VIDA CONSAGRADA E AS SOCIEDADES DE VIDA APOSTÓLICA. Instrução *Potissimum Institutioni*: orientações sobre a formação nos Institutos religiosos. Roma, 2 de fevereiro de 1990, n. 19.

[26] Cf. ibidem, n. 29.

[27] Ibidem, n. 67.

Paulo II, na *Vita Consecrata*, em que recorda aos Institutos a coragem em afrontar as quotidianas "dificuldades materiais e espirituais" na "plena docilidade à inspiração divina e ao discernimento eclesial" (VC, n. 37).

A alegria da perseverança

42. A Instrução *A vida fraterna em comunidade* oferece um outro elemento qualificativo da fidelidade e da perseverança: a alegria. Um critério fundamental de qualidade da vida fraterna é identificado no "testemunho da alegria" de toda a fraternidade, que constitui um ulterior "sustentáculo à perseverança" da pessoa consagrada. "Não se pode esquecer, enfim, de que a paz e o gosto por estar juntos são um dos sinais do Reino de Deus. A alegria de viver, mesmo em meio às dificuldades do caminho humano e espiritual e aos aborrecimentos cotidianos, já faz parte do Reino. Essa alegria é fruto do Espírito e envolve a simplicidade da existência e o tecido monótono do cotidiano. Uma fraternidade sem alegria é uma fraternidade que se apaga. Muito rapidamente os membros serão tentados a procurar em outros lugares o que não podem encontrar em casa (...)."[28]

A Constituição *Lumen Gentium* já tinha definido as famílias religiosas como meios para avançar "jubilosos no caminho da caridade" (LG, n. 43). O Magistério posterior insistiu na ligação entre o testemunho da vida de especial

---

[28] CONGREGAÇÃO PARA OS INSTITUTOS DE VIDA CONSAGRADA E AS SOCIEDADES DE VIDA APOSTÓLICA. Instrução *A vida fraterna em comunidade: Congregavit nos in unum Christi amor.* Roma, 2 de fevereiro de 1994, n. 28.

consagração e a alegria, especialmente por meio da fraternidade vivida: "Os nossos contemporâneos – continua *Vita Consecrata* – querem ver, nas pessoas consagradas, a alegria que brota do fato de estar com o Senhor" (VC, n. 109), a alegria de permanecer fiéis,[29] fruto da "frequência cotidiana, amorosa à Palavra".[30]

As comunidades ricas de "alegria e do Espírito Santo" (At 13,52), nas quais "a recíproca atenção ajuda a superar a solidão, e a comunicação impele todos a sentirem-se corresponsáveis, o perdão cicatriza as feridas, reforçando em cada um o propósito da comunhão. Em uma comunidade desse tipo, a natureza do carisma dirige as energias, sustenta a fidelidade e orienta o trabalho apostólico de todos para a única missão" (VC, n. 45), tornam-se elas mesmas evangelizadoras, são lugares de esperança das bem-aventuranças vividas, "lugares onde o amor, haurido na fonte da comunhão que é a oração, é chamado a tornar-se lógica de vida e fonte de alegria" (VC, n. 51).

43. A Exortação apostólica *Vita Consecrata* convida, pois, de modo especial as mulheres consagradas a viverem, "em plenitude e com alegria" (VC, n. 57; 58), a própria vocação, para ser "*um sinal da ternura de Deus para com o gênero humano* e um testemunho particular do mistério da Igreja que é virgem, esposa e mãe" (VC, n. 57; 58).

---

[29] CONGREGAÇÃO PARA OS INSTITUTOS DE VIDA CONSAGRADA E AS SOCIEDADES DE VIDA APOSTÓLICA. Instrução *O serviço da autoridade e a obediência: Faciem tuam, Domine, requiram*. Roma, 11 de maio de 2008, n. 7.

[30] Idem.

Uma tarefa precisa, também relativa à perseverança na alegria, é confiada a quantos exercem o serviço da autoridade, que são convidados a elevar ao céu a oração, a fim de que aqueles que lhes são confiados "possam perseverar com alegria no santo propósito e, perseverando, obtenham a vida eterna".[31]

44. O Magistério do Papa Francisco é particularmente atento à alegria. *Evangelii Gaudium, Amoris Laetitia, Gaudete et Exultate* – esses títulos enunciam uma exigência evangélica decisiva na vida dos discípulos: a urgência da alegria, que é alegria do Evangelho, alegria do amor, experiência alegre da comunhão com o Senhor Jesus. Dirigindo-se aos consagrados, ele continuamente os convida a testemunhar a alegria: "Essa é a beleza da consagração: é a alegria, a alegria...".[32] A alegria de levar a todos a consolação de Deus.

A alegria, para o Papa Francisco, não é inútil ornamento, mas exigência e fundamento da vida humana. No afã cotidiano, todo homem e toda mulher tendem a alcançar e fazer morada na alegria com a totalidade do ser; a alegria é motor da perseverança. "A alegria nasce da gratuidade

---

[31] CONGREGAÇÃO PARA OS INSTITUTOS DE VIDA CONSAGRADA E AS SOCIEDADES DE VIDA APOSTÓLICA. Instrução *O serviço da autoridade e a obediência: Faciem tuam, Domine, requiram*. Roma, 11 de maio de 2008, n. 30.

[32] FRANCISCO. *Autênticos e coerentes*: o Papa Francisco fala da beleza da consagração. (Encontro com os Seminaristas, os Noviços e as Noviças). Cidade do Vaticano, 6 de julho de 2013. *L'Osservatore Romano*, Edição Quotidiana, Ano CLIII (155), n. 6, segunda-feira/terça-feira, 8-9 jul. 2013.

de um encontro! (...) E a alegria do encontro com ele e com o seu chamado faz com que não nos fechemos, mas que nos abramos; leva ao serviço na Igreja. São Tomás dizia: '*Bonum est diffusivum sui*' (o bem difunde-se). E a alegria também se difunde. Não tenhais medo de mostrar a alegria de haverdes respondido ao chamado do Senhor, à sua escolha de amor, e de testemunhar o seu Evangelho no serviço à Igreja. A alegria, a verdadeira alegria, é contagiosa; contagia... faz-nos ir em frente."[33]

---

[33] Idem.

Capítulo 2

PROCESSOS PARA UM DISCERNIMENTO PARTILHADO

Laboratório de vida

45. A fidelidade na perseverança à vocação é um dom contido em vasos de argila (2Cor 4,7). Nessa tensão entre o tesouro doado e a fragilidade que se encontra hoje na vida consagrada, é fundamental conservar um equilíbrio que dê perspectiva ao processo de crescimento de cada um. É exatamente da experiência que podem emergir oportunidades de vida que contribuam para remodelar os velhos esquemas, sobretudo se as pessoas aprendem a reler a conclusão de um processo vocacional na ótica motivacional e afetiva construtiva, capaz de imprimir novos significados aos comportamentos cotidianos. Tudo isso é possível se voltamos o olhar para a vida consagrada como *laboratório de vida*, no qual, na relação com os outros, "se aprende a amar a Deus, a amar os irmãos e as irmãs com quem se vive, a amar a humanidade necessitada da misericórdia de Deus e da solidariedade fraterna".[1]

---

[1] CONGREGAÇÃO PARA OS INSTITUTOS DE VIDA CONSAGRA-DA E AS SOCIEDADES DE VIDA APOSTÓLICA. Instrução *A vida fraterna em comunidade: Congregavit nos in unum Christi amor*. Roma (2 de fevereiro de 1994), n. 25.

Considerar os abandonos da vida consagrada como parte de um *processo de discernimento-acompanhamento* parece ser uma contradição, sobretudo se se trata de pessoas que viveram e fizeram viver momentos de dificuldade e de tensão nas próprias comunidades e Institutos. De fato, quando a saída de um coirmão ou de uma coirmã é percebida como uma "libertação", algo não está funcionando no processo de discernimento. Não se deveria chegar à fase do discernimento final, por meio de situações de exclusão ou de um verdadeiro e próprio ostracismo da comunidade ou do Instituto: isso, na verdade, arriscaria alimentar um sentido de fracasso em quem sai e engendraria novo mal-estar em quem permanece.

46. Hoje deveria ser mais madura a consciência de uma *perspectiva educativa de Igreja*, que cuida do irmão e da irmã em dificuldade e – quando se trata de escolhas dolorosas e difíceis – os acompanha na busca de um caminho diferente e de novos significados que deem sentido à escolha de vida. Temos à disposição potencialidades e recursos até ontem latentes; trata-se de redescobri-los para dirigirmo-nos às periferias existenciais, não somente externamente na evangelização, mas também, interiormente, nos nossos próprios ambientes. Ao ceder ao pessimismo diante do fenômeno dos abandonos, acaba-se por assumir uma atitude de resignada passividade, ou pior, reage-se de modo desresponsabilizado, na convicção de que não se tem mais nada a fazer.

No entanto, é exatamente nesses momentos de dolorosa desorientação que existe a necessidade de um acompanhamento que ajude a decidir sobre a vida, oferecendo "à pessoa o sustentáculo de uma maior confiança e de um mais intenso amor" (VC, n. 70). É nos momentos de fragilidade, na verdade, que a pessoa percebe mais forte a necessidade de redescobrir o sentido da aliança que Deus continua a estabelecer e não pretende negar, sobretudo, a quem é frágil e desorientado. É preciso uma proximidade educativa que ajude a redescobrir o caminho da vida, até alcançar escolhas que possam ser também "não" dolorosas. Prospectar o momento de saída como um percurso de acompanhamento vocacional quer dizer trabalhar juntos para um discernimento que continua a ter sentido também e, sobretudo, nos momentos mais delicados e importantes da vida, em uma perspectiva de inclusão, no respeito da diversidade das escolhas do irmão ou da irmã. O momento da "crise" pode se tornar uma oportunidade, um *kairós* para toda a comunidade.

Trabalhar juntos por um discernimento partilhado

47. Como no momento do discernimento inicial, quando existiam os sinais para reconhecer juntos, também no momento da decisão de deixar a vida consagrada é preciso redescobrir, escondido entre as chagas dos acontecimentos, o sentido profundo de um chamado de Deus e de uma resposta da pessoa, em que Deus continua a manifestar-se como aquele que dá sentido a todo evento da existência humana. É importante que também esse tempo seja vivido em uma ótica de clareza orientadora e de sustentáculo afetivo. É preciso, em tal sentido, dotar-se de instrumentos adequados, não somente em nível profissional, para saber ler as problemáticas, mas, sobretudo, ao assumir um compromisso comum para afrontá-las adequadamente. Nessa direção, *o exercício de um discernimento compartilhado* permanece central para a credibilidade e a confiança da vida e da missão dos consagrados e das consagradas, em comunhão com a Igreja, especialmente na atual conjuntura histórica. Concluindo a reflexão sobre discernimento da Exortação apostólica *Gaudete et Exultate*, em um parágrafo de especial relevância, o Papa Francisco resume o sentido do seu próprio itinerário: "Quando perscrutamos na presença de Deus os caminhos da vida, não há espaços que fiquem excluídos. Em todos os aspectos da existência, podemos continuar a crescer e a dar algo mais a Deus, mesmo naqueles em que experimentamos as dificuldades mais fortes. Mas é necessário pedir ao Espírito Santo que nos liberte e expulse aquele medo que nos leva a negar-lhe a entrada em alguns aspectos da nossa vida. Aquele que pede tudo também dá tudo, e não quer entrar em nós para mutilar ou enfraquecer, mas para levar à perfeição. Isso nos mostra que o discernimento não é uma autoanálise presuntuosa, uma introspecção egoísta, mas uma verdadeira saída de nós mesmos para o mistério de Deus, que nos ajuda a viver a missão para a qual nos chamou a bem dos irmãos" (GeE, n. 175).

Discernimento e acompanhamento

48. Uma verdadeira saída de nós mesmos para o mistério de Deus não é uma tarefa de solitários, mas uma viagem em companhia de jovens, adultos, idosos – coirmãos, coirmãs – que se encaminham para viver juntos a aventura do encontro transformador com o Senhor. É uma viagem orientada à maturidade da fé para o estado adulto (1Cor 13,11-12) do ser que crê. O chamado é para que realizem escolhas que comprometam a própria consciência de fiéis, para tomar decisões sobre si e sobre a própria vida em liberdade e responsabilidade, segundo a verdade do misterioso projeto de Deus, para além dos possíveis riscos e das eventuais incertezas. Essa viagem procede por etapas, dentro de um percurso de formação da identidade pessoal, na contínua consciência de uma renovada identidade religiosa ou presbiteral.

Uma mais convicta atuação de um *processo de discernimento* a cada etapa e passagem da vida consagrada – repensando os seus significados, objetivos e modalidades – comporta *acompanhar* a parábola da perseverança de consagrados e consagradas na fidelidade ao dom da vocação à *sequela Christi*. A tradição sapientemente cultivou esse caminho, que poderia consentir em uma cautelosa e eficaz prevenção do incômodo e dos riscos. Nesse horizonte, *um processo de discernimento-acompanhamento* para as pessoas consagradas, certamente mais desafiador em relação ao passado, apresenta potencialidades a serem expressas de modo novo. É urgente reconhecer e colher os questionamentos que talvez inquietem, mas que são também sinais de esperança. O acompanhamento e o discernimento estão inseparavelmente unidos: um atua no processo virtuoso do discernimento e o outro nutre-se e toma a forma de um acompanhamento.

49. Entre os sinais de esperança, nota-se, especialmente, a progressiva superação de uma mentalidade que tende quase a culpabilizar quem deixava a vida consagrada, diminuindo eventuais responsabilidades do Instituto. Há mais de cinquenta anos do Concílio Vaticano II, consolidou-se a experiência de comunidades de discernimento-acompanhamento, destinadas a quem atravessa situações difíceis na própria vida de consagração. Foi amadurecendo, além disso, a consciência de um verdadeiro e próprio *ministério de discernimento-acompanhamento* não somente para quantos atravessam o tempo da crise, mas também para quantos, na perseverança, desejam remotivar o sentido da própria fidelidade. Esse ministério é chamado a abordar, sem ilusões, as questões difíceis dos consagrados e das consagradas; deve conjugar experiência e profissionalidade. Na invocação do dom da *sapientia cordis*, atua uma vigilante prevenção para afrontar situações, mesmo dramáticas, com um profundo sentido de amor pela Igreja.

Formar a consciência

50. Na base de todo discurso sobre o discernimento e o acompanhamento, está a consciência moral e credível. No fundo desse caminho, põe-se, então, o grande tema da consciência e da sua formação. A capacidade de discernir é inseparável da formação da consciência: "somos chamados a formar as consciências, não a pretender substituí-las" (AL, n. 37).[2]

---

[2] FRANCISCO. Exortação apostólica *Amoris Laetitia,* sobre o amor na família. (Documentos Pontifícios, 24).

Quando apelamos à consciência, na cultura hodierna, muitas vezes se gostaria de fazer passar uma ideia individualista e intimista de si. Mas centralidade da consciência "não significa seguir o próprio eu, fazer aquilo que me interessa, que me convém, que me agrada".[3] A consciência é o "núcleo" e o "sacrário do homem" (GS, n. 16). Ela coincide com a identidade pessoal de cada um, com sua história, mais ou menos conflitiva: relações, afetos, cultura de pertença. A consciência forma-se também mediante boas relações, em que se faz experiência daquele bem ao qual vale a pena dedicar a vida. Especialmente para a formação da consciência, são decisivas as primeiras experiências, aquelas ligadas às relações familiares, verdadeira e própria escola de humanidade. É na experiência de filho e de filha que todo homem e toda mulher põem-se na escuta da verdade, do bem, de Deus. É nessas experiências de bem que a consciência moral reconhece a sua profunda relação com Deus, que fala ao coração e ajuda a discernir, a compreender a estrada que se deve percorrer e a qual se deve permanecer fiel.[4] Sobretudo, é preciso ser dóceis à Palavra de Deus, estar prontos para as surpresas do Senhor que fala.

O chamado de Deus, que ressoa no bem, exige uma resposta desafiadora: como para os hebreus no deserto (Dt 8,2), também a consciência cristã deve atravessar um tempo de provação, tempo árduo e difícil. É ali que vem

---

[3] FRANCISCO. *Angelus*. Cidade do Vaticano, 30 de junho de 2015.
[4] FRANCISCO. *Angelus*. Cidade do Vaticano, 30 de junho de 2015.

à luz aquilo que verdadeiramente está no nosso coração. A história pessoal é sobretudo atravessada por provações e, às vezes, por fracassos e desilusões que interpelam fortemente a assumir uma mais convicta formação das consciências, dimensões claramente inscritas no exercício do discernimento. É uma grande capacidade de compreender a alma humana e, mais ainda, estilos que nos educam "para a paciência de Deus e os seus tempos, que nunca são os nossos" (GeE, n. 174). Vivida na própria forma de vida, a fidelidade à *memoria Jesu* exige essa inderrogável assunção de responsabilidade, que não pode ser deixada à improvisação de cada um, nem às delegações, muito menos a acompanhamentos desresponsabilizados.

No horizonte do grande tema da consciência e das suas relações, queremos agora indicar algumas formas fundamentais do caminho de discernimento e de acompanhamento.

Compreensão de si

51. As pessoas consagradas reconhecem a própria vocação como dom vivido com profunda gratidão ao Senhor: "a vida que Jesus nos dá – repete o Papa Francisco – é uma história de amor, uma história de vida que quer misturar-se com a nossa e criar raízes na terra de cada um (...). A salvação, que Deus nos dá, é um convite para fazer parte de uma história de amor, que está entrelaçada com as nossas histórias; que vive e quer nascer entre nós, para podermos dar fruto onde, como e com quem estivermos. Precisamente aí vem o Senhor plantar e plantar-se a si mesmo".[5] A vida é entendida aqui como dom que se converte no desejo de uma *restitutio* em vista do bem do outro. Trata-se de um processo de conversão que não pode prescindir do compreender a si mesmo em profundidade. Tal compreensão torna-se critério interpretativo de todo discernimento e de toda escolha.

O momento inicial dessa autocompreensão é um verdadeiro e próprio discernimento dos afetos. Antes ainda que uma autocompreensão intelectual ou um esforço de conhecimento que trata de escutar os próprios afetos, o próprio sentir. Sem ceder de nenhum modo em uma autocompreensão narcisista, trata-se, justamente, de não esconder de si mesmo algum sentimento, algum afeto, talvez, com a desculpa de que se possa julgá-lo mal. Tudo isso que foi removido, de fato, retorna sob outras formas e torna-se veneno, que polui a vida pessoal e comunitária.

O ato de realizar o discernimento dos afetos coloca-nos na escuta do chamado de Deus, que passa através da história pessoal, comunitária, social e eclesial, com os sentimentos e os desejos que ele suscita em nós. Por isso, no momento que tal autocompreensão é reconhecida e acolhida como vocação, assume a grandíssima dignidade daquela verdade sobre si, à qual não se pode ser outra coisa senão fiéis. Parece particularmente significativo que a perseverança se inscreva no processo de cumprimento da própria decisão de vida e se

---

[5] FRANCISCO. *Discurso na vigília com os jovens na XXXIV Jornada Mundial da Juventude no Panamá*. Panamá, 26 de janeiro de 2019.

manifeste em guardar fielmente a verdade sobre si mesmo, assim como emergida na própria história pessoal, por meio das experiências vividas. Somente uma tal autocompreensão é capaz, na verdade, de fazer cumprir na pessoa um passo definitivo para um futuro do qual não pode conhecer os contornos, bem como de preservar um estado de vida em que, mesmo nas dificuldades, permanece a própria *escolha* de vida.

Dom e compromisso

52. A compreensão de si, no discernimento dos afetos, manifesta-se em uma existência pensada e vivida como resposta à graça de Deus que precede e chama ao dom incondicionado de si a ele e ao próximo. Somente em uma dinâmica de doação gratuita é possível, de fato, uma efetiva realização de si, conforme o Evangelho do Senhor Jesus. A busca da própria realização é uma dimensão muito percebida na nossa cultura; todavia, no discipulado cristão, ela não pode ser secretamente desejada nem avançada como pretensão, sob pena do esvaziamento do significado mais profundo do doar-se em Cristo, por Cristo e com Cristo. No paradoxo cristão, na sua raiz profundamente humana, a relação de si é oferecida àquele que sabe que deve doar-se sem reserva, até a morte, porque "a nossa vida na terra atinge sua plenitude quando se transforma em oferta" (ChV, n. 254). Caso retida, a vida está perdida. Se, em vez disso, é *re-doada*, então se *re-encontra* com uma plenitude surpreendente. A palavra do Evangelho diz a verdade profunda da vida humana: "pois quem quiser salvar sua vida a perderá; mas quem perder sua vida por causa de mim e do Evangelho, a salvará" (Mc 8,35). O dom recebido chama-nos a restituir aquilo que nos foi confiado, segundo uma autêntica dinâmica gerativa. A dimensão pascal doa ao cristão, ao consagrado e à consagrada um significado de cumprimento que lhes permite viver a própria existência sem serem condicionados pela necessidade de contínuas confirmações da escolha abraçada e sem permanecerem dominados pelos inevitáveis medos que se apresentam no curso da vida. A pessoa consagrada é consciente de que, nos sinais do limite, da fragilidade e da miséria, leva em si um mais intenso e autêntico cumprimento da própria existência. A certeza da autocomunicação de Deus na história, do seu abaixar-se dentro das fragilidades humanas, alimenta a esperança de poder superar os próprios limites na perseverante oferta de si, sem desvalorizar crises e riscos.

Uma liberdade responsável

53. A existência não pode jamais deixar de ser vivida como vocação, a partir do momento em que Deus acresce incansavelmente o seu dom. É preciso, portanto, que o itinerário de formação à fiel perseverança ponha as condições de responsável liberdade e de contínua *verificação* dela em um verdadeiro e próprio aprendizado do discernimento. "Para realizar a própria vocação, é necessário desenvolver-se, fazer germinar e crescer tudo aquilo que a pessoa é. Não se trata de inventar-se, criar-se do nada, mas da descoberta de si mesmo à luz de Deus e de fazer florescer o próprio ser" (ChV, n. 257). Não se trata somente de uma sensibilidade interior que concorda com a melodia do Espírito, mas de afinar incessantemente um sentido espiritual que torna a livre escolha da pessoa consagrada uma *vocação de humanidade* – São Paulo VI, no célebre discurso às Nações Unidas, definia a Igreja como perita em humanidade[6] – sempre mais capaz de perceber o evento da salvação que está por trás e dentro da própria humanidade e do cotidiano da própria história.

Entende-se a formação à perseverança não como esforço voluntarista e centrado sobre si: ela mira despertar, *reavivar* (2Tm 1,5) a disposição para responder ao dom recebido, no exercício de uma afinada sensibilidade interior, da qual nem sempre se está consciente. Nisso consiste o primeiro passo do discernimento, dom que Deus deseja ardentemente despertar em todos os fiéis, para ser "concordes" com o dom do Espírito no coração deles.

Tudo isso deveria exprimir-se em uma escolha de vida que evidencie a capacidade humana de projetar-se no tempo e de assumir compromissos estáveis como dimensões constitutivas da identidade pessoal e relacional, da coerência moral da própria vida consagrada. Mesmo que a decisão de vida se realize em um dado tempo da existência, tem a característica de ser a resposta a um passado de graça, que abre a uma meta orientadora de toda a vida (*projeto*) e se faz *traditio*, entrega de si por meio dos dias e das obras da nossa vida. Com a sua decisão, a pessoa

---

[6] Cf. SÃO PAULO VI. *Discurso às Nações Unidas*. Sede da ONU, 4 de outubro de 1965.

consagrada dá *assenso* pleno àquilo que experimenta da vontade de Deus: o seu sim é um *consentimento* a quanto ele é e àquilo que Deus quer para ele ou ela e o sela com o seu acordo livre, cumprido e realizado mediante o rito da profissão ou da consagração. Assumida hoje, a decisão se apoia sobre o dom do qual se fez experiência e antecipa um amanhã; desse modo, ela precede um futuro que não existe ainda e, somente nesse horizonte, aparecerão claramente a promessa de fidelidade de Deus e o valor da nossa decisão, isto é, a sua coerência.

Diálogo entre as consciências: a palavra e o bem

54. Nessa perspectiva, o discernimento terá seu lugar específico no diálogo entre as consciências, especialmente na insuperável tradição do acompanhamento espiritual, que se funda sobre uma sapiência profundamente humana. Os afetos, na verdade, pedem para se tornar palavra. Se a pessoa permanece fechada em si mesma, fica prisioneira do seu sentir. Mas, por meio da palavra, do diálogo, ela consegue compreender o bem que está em jogo na sua experiência pessoal e se abre à relação com os outros. No diálogo com o outro, aprende-se a compreender o bem antecipado nas experiências fundamentais da vida, aspecto decisivo da consciência moral de cada fiel, especialmente das pessoas consagradas.

A especificidade do estado de vida consagrada requer uma contínua e permanente formação moral. Trata-se de educar à liberdade pessoal e de colocar-se em jogo, na troca frutuosa com o outro e na disponibilidade para descobrir o bem no qual Deus mesmo nos chama à plenitude da vida. Não nos podemos limitar a fazer conhecer a doutrina e as normas, não raro de modo superficial ou inadequado; é preciso um chamado à leitura da própria experiência, na qual é possível reencontrar a si mesmo e apropriar-se da motivação moral pessoal. Esse processo não pode ser unicamente individual, mas é ativado por boas relações intersubjetivas. A valorização do bem acontece na situação concreta, em que ela se apresenta à *própria* escolha pessoal. Trata-se concretamente da assunção de responsabilidade na formação da própria consciência. O diálogo do acompanhamento espiritual é um lugar e um tempo privilegiados dessa apropriação.

O acompanhamento espiritual, de fato, é um diálogo afrontado na disponibilidade a colaborar dentro de uma relacionalidade, no mútuo respeito que torna possíveis a escuta e a proposta – ou a reproposta – de valores para reconhecer, escolher, assimilar. Na Exortação apostólica *Christus Vivit*, o Papa Francisco convida com decisão a exercer o carisma da escuta (ChV, n. 244), chamado em primeiro lugar à pessoa: "o sinal dessa escuta é o tempo que dedico ao outro. Não é uma questão de quantidade, mas de que o outro sinta que o meu tempo é seu: aquele que ele precisa para me expressar o que quiser. Deve sentir que eu ouço incondicionalmente, sem ofensa, sem escândalo, sem me incomodar, sem cansar" (ChV, n. 292).

O diálogo entre as consciências é instrumento precioso de autocompreensão, é possibilidade de confronto e de objetivação, de discernimento não somente sobre o que fazer, mas também sobre o que já foi feito, para ser capaz de colher experiências e escolhas que orientaram e orientam o ser, o pensar e o agir como consagrados. O percurso de formação inicial e permanente oferece possibilidades concretas dirigidas ao estímulo e à salvaguarda das potencialidades das pessoas.

55. No processo de discernimento, toda a existência foi envolvida na resposta aos apelos que o Senhor dirige na história de cada um e das comunidades. Um discernimento espiritual que não perceba a sua incumbência no campo moral estaria reduzido a uma abordagem espiritualista, separado do compromisso ante a comunidade e o mundo. Uma espiritualidade desse tipo poderia facilmente cair na legitimação da autorreferencialidade, do intimismo, ou na complacência de pertencer a uma elite que se considera superior ao resto do povo de Deus. O Papa Francisco muitas vezes recordou essa tentação que existe sob o nome de gnosticismo (EG, n. 94) e de denúncia de uma espiritualidade desencarnada (EG, n. 78, 82, 88, 89, 90, 91, 94, 180, 183, 207, 262). Por outro lado, um discernimento moral que não se enraíze na experiência espiritual se reduziria a um decisionismo ético ou em mera observância exterior, sem alma e sem horizonte de sentido. Por isso, o discernimento é categoria moral e espiritual, um ponto de encontro entre moral e espiritualidade, em que a diversidade das abordagens à mesma realidade faz ver a riqueza antropológica e teológica da pessoa chamada em Cristo a dar frutos para a vida do mundo.[7]

---

[7] Cf. CONCÍLIO VATICANO II. Decreto *Optatam Totius,* sobre a formação sacerdotal. In: SANTA SÉ. *Concílio Ecumênico Vaticano II: documentos.* Brasília: Edições CNBB, 2018, p. 455-480, n. 16.

Escolhas irrevogáveis

56. A necessidade de um caminho de discernimento e de contínua formação da consciência, como percurso de fidelidade responsável às exigências do estado de vida consagrada, assume, não a partir de hoje, uma relevância muito especial. "Reina, hoje, uma cultura do provisório, que é uma ilusão. Julgar que nada pode ser definitivo é um engano e uma mentira" (ChV, n. 264). As pessoas consagradas encontram-se no contexto desta "sociedade líquida", que fez quase desaparecer, da linguagem e da cultura, o sentido das *escolhas irrevogáveis*. De tal modo, torna-se mais difícil para o homem e para a mulher do nosso tempo uma proposta de compromisso por toda a vida. O hodierno contexto sociocultural é caracterizado pela abertura a sempre novas oportunidades, consequentemente, a *decisão de vida* é muitas vezes adiada ao longo do tempo, se não totalmente removida, no engano de poder alcançar a realização pessoal prescindindo de um compromisso que envolva totalmente a própria existência. Nos casos em que, pois, se alcança uma decisão definitiva, ela aparece muitas vezes de uma fragilidade preocupante. Considerando especialmente a vida consagrada, impressionam os tempos e os modos com os quais muitos consagrados e consagradas decidem abandonar a vocação escolhida como definitiva, mesmo depois de um longo e desafiador percurso formativo – não deve ser subestimado o recurso *ordinário* a nove anos de votos temporários[8] – e das etapas significativas da própria experiência de vida consagrada e sacerdotal.

---

[8] Cf. SAGRADA CONGREGAÇÃO PARA OS RELIGIOSOS E OS INSTITUTOS SECULARES. *Renovationis Causam*, sobre a atualização da formação à vida religiosa. Roma, 6 de janeiro de 1969, n. 6.

57. Viver em contínua experimentação parece exprimir um ponto firme da cultura e da mentalidade contemporâneas, especialmente ocidentais: o próprio destino deve permanecer, sempre e apesar de tudo, aberto e absolutamente nas próprias mãos, à própria disposição. Consequentemente não deve surpreender que se perceba um interesse reduzido pelas decisões de vida definitivas. Cultura e mentalidade estão inevitavelmente na direção oposta em relação a quem quer escolher ou escolheu um estado de vida definitivo, sobretudo se a tal perspectiva se acrescenta a difusa percepção de uma incompreensão do valor do dom gratuito de si aos outros. Não apenas isso, o nosso contexto social demonstra-se totalmente empático e compreensivo em relação às pessoas que rompem laços de vida assumidos de forma irrevogável. Não se pode esconder que tal cultura e mentalidade estejam penetrando também a vida consagrada, afetando a própria concepção de vocação, tradicionalmente concebida como um vínculo que dura toda a vida e que é conquistado no decurso da própria existência. Mesmo na comunidade cristã – relativamente a um passado recente – enfraqueceram as expectativas acerca da irrevogabilidade da vocação e da *estabilidade* de um estado de vida.

Descobrir novas evidências

58. Aos olhos de alguém, poderia parecer *normal* colocar em discussão a irrevogabilidade de uma decisão de vida e, para muitos, de uma vida. Para ninguém se supõe ser uma decisão fácil ou superficial. Nas escolhas destinadas a fazer a verdade sobre si mesmo, não se pode impedir a oportunidade de um acompanhamento. Colocar os outros diante do fato consumado não ajuda a entender as próprias dificuldades. Trata-se, por um lado, de comprometer-se em uma relação com quem está ao nosso lado ou quer estar próximo de nós, para não permanecer prisioneiros de uma solidão que penaliza a liberdade e responsabilidade: está em jogo o sentido de uma escolha de vida e a perspectiva de um futuro pleno de sentido. Por outro lado, ao acompanhar momentos de crise, não são postas muitas hipotecas sobre as decisões a serem tomadas, ao contrário, dever-se-ia permitir que se descobrissem *novas evidências* para levar a cumprimento o dom de si a Deus e aos outros. Se, de fato, é importante saber medir as próprias energias, para conhecer os limites dos próprios recursos, é igualmente importante recordar que se pode ousar, ir além do limite percebido, acompanhados por uma proximidade fraterna, amiga e, ao mesmo tempo, lúcida, que ilumina, orienta e sustenta o discernimento na provação.

Abrir um caminho no qual a pessoa se sinta exposta à ênfase das sombras pode fazer apagar o desejo de um retorno à luz. Dever-se-ia evitar empreender um percurso de autorreferencialidade na gestão da própria crise, sob o risco de surtir efeitos de resignada passividade ou de adequação à própria incoerência ou infidelidade. Além disso, e não somente, seria inconcludente acabar em uma espécie de vagabundagem espiritual, na busca de alguém que encontre soluções para as próprias indecisões. Caso surja a eventualidade de uma decisão diferente da escolha já efetuada, sustentada também por razões plausíveis, tal decisão tem necessidade de ser oportunamente examinada por meio de pessoas, tempos e modalidades adequadas. "(...) 'é preciso evitar juízos que não levam em consideração a complexidade das diversas situações e é necessário prestar atenção ao modo como as pessoas vivem e sofrem por causa da sua condição'" (AL, n. 79).[9] Situações e tempos de crise, já complexos pela condição humana, não podem ser sobrecarregados pela ansiedade de encontrar o mais rápido possível uma solução, arriscando-se a não enfrentar os reais problemas pessoais que a crise deixou emergir. Move-se, assim, a atenção sobre algumas cautelosas críticas ao próprio ambiente de vida, mascarando e cobrindo as próprias reais dificuldades. As dificuldades que se podem encontrar, ou mesmo sofrer, não excluem, mas, pelo contrário, em alguns casos evidenciam estilos de vida de gradual e crescente desresponsabilização, até uma completa desafeição ou afastamento da própria comunidade.

---

[9] Cf. SÍNODO DOS BISPOS. *XIV Assembleia Geral Ordinária. A vocação e a missão da família na Igreja e no mundo contemporâneo. Relatório final.* Brasília: Edições CNBB, 2016, n. 51. (Documentos da Igreja, 26.)

Capítulo 3

FAZER-SE ACOMPANHAR NO TEMPO DA PROVAÇÃO. A DIMENSÃO COMUNITÁRIA

Fraternidade: sustentáculo à perseverança

59. Sem uma boa vida fraterna, o acompanhamento espiritual pessoal está exposto a muitos riscos. Está sempre à espreita da queda em uma relação intimista, privada de reais espaços de comunidade, na qual se narra ao outro aquilo que queremos ser, mas não aquilo que somos. A perspectiva de uma vida comum, entendida como *schola amoris*, leva-nos a focar naquilo que realisticamente se pode tornar ocasião de crescimento e de mudança. O Papa Francisco convida a *fazer casa*, a *criar casa*, para "permitir que a profecia tome forma e torne as nossas horas e nossos dias menos inóspitos, menos indiferentes e anônimos" (ChV, n. 217). Fazer casa "é tecer laços que se constroem com gestos simples, cotidianos e que todos nós podemos realizar. Um lar, todos o sabemos muito bem, precisa da cooperação de todos. Ninguém pode ser indiferente ou alheio, já que cada um é pedra necessária em sua construção" (ChV, n. 217). As comunidades de consagrados e consagradas, cada vez mais multiculturais, são um formidável laboratório dessa fraternidade da diferença. Somos chamados a formar comunidades humanas, lugares de acolhida e elaboração dos limites; desse modo, a fraternidade "constitui um válido sustentáculo à perseverança de muitos".[1] Tal perseverança é realizada à medida que são respeitadas certas condições que estão na base do processo de maturação interpessoal: que as pessoas sejam conscientes do próprio modo de entrelaçar relações e corresponsáveis pelas potencialidades emergentes do seu relacionamento recíproco. Essas duas condições têm notáveis consequências operativas no desenvolvimento transformador do grupo, porque ajudam a redescobrir o significado teleológico da convivência e estão estritamente coligadas ao sentido vocacional da própria existência.

Um estilo acolhedor

60. A primeira consequência diz respeito à capacidade de autotranscendência, porque a consciência do limite é um apelo a olhar para além dos fatos dolorosos. A experiência dos abandonos questiona as pessoas sobre o próprio estilo relacional, sabendo que "a unidade que devem construir é uma unidade que se estabelece ao preço da reconciliação".[2] Isso é possível com base em uma visão comum da vida entendida como uma preciosa ocasião para redescobrir a continuidade do projeto de Deus, embora na variabilidade das situações que se vivem.

---

[1] CONGREGAÇÃO PARA OS INSTITUTOS DE VIDA CONSAGRADA E AS SOCIEDADES DE VIDA APOSTÓLICA. Instrução *A vida fraterna em comunidade: Congregavit nos in unum Christi amor*. Roma, 2 de fevereiro de 1994, n. 57.

[2] Ibidem, n. 26.

Uma segunda consequência diz respeito ao cuidado que as pessoas prestam umas às outras. "Em uma comunidade verdadeiramente fraterna, cada um se sente corresponsável pela fidelidade do outro; cada um dá seu contributo para um clima sereno de partilha de vida, de compreensão, de ajuda mútua; cada um está atento aos momentos de cansaço, de sofrimento, de isolamento, de desmotivação do irmão; cada um oferece seu apoio a quem está aflito pelas dificuldades e pelas provações."[3]

Uma terceira consequência, que tem um caráter mais afetivo, diz respeito à experiência emotiva do grupo. De fato, as pessoas podem experimentar a passagem da insegurança a um estilo de amorosa apreciação recíproca, se redescobrirem o valor educativo do amor fraterno. Somente assim poderão estabelecer relações nas quais todos se sintam chamados a "serem responsáveis um pelo crescimento do outro; para estarem abertos e disponíveis a receber um o dom do outro, capazes de ajudar e ser ajudados, de substituir e ser substituídos".[4] Essa autêntica reciprocidade, fundada no exemplo de Jesus, ajudará os membros de cada comunidade religiosa e de toda realidade de vida consagrada a reencontrar o clima de confiança que encoraja a arriscar no próprio modo de amar, redescobrindo na vida fraterna o sentido de uma comunhão que fortifica o coração e derrota o medo das incertezas. Certos de que, também nesse tempo de dificuldades, "o amor de Cristo, difundido em nossos corações, impele a amar os irmãos e as irmãs até o assumir

---

[3] Ibidem, n. 57.
[4] Ibidem, n. 24.

suas fraquezas, seus problemas, suas dificuldades. Em uma palavra: até a doar-nos a nós mesmos".[5]

Permanecer centrados, firmes em Deus

61. A história de cada um é tecida nas narrações das existências de irmãos e irmãs com os quais se partilha uma *con-vocação* que não é jamais casual, mas deixada ao providente desígnio de Deus, que transforma as histórias de cada um em um partilhado percurso de busca da sua face. No cotidiano dos consagrados e consagradas "[carregar] os fardos uns dos outros" (Gl 6,2) significa aceitar os sofrimentos, as dificuldades, os mal-estares. Trata-se concretamente de fazer nosso o convite do Papa Francisco a "permanecer centrados, firmes em Deus que ama e sustenta. A partir dessa firmeza interior, é possível aguentar, suportar as contrariedades, as vicissitudes da vida e também as agressões dos outros, as suas infidelidades e defeitos: 'se Deus está por nós, quem será contra nós?' (Rm 8,31). Nisso está a fonte da paz que se expressa nas atitudes de um santo. Com base em tal solidez interior, o testemunho de santidade, no nosso mundo acelerado, volúvel e agressivo, é feito de paciência e constância no bem. É a fidelidade (*pistis*) do amor, pois quem se apoia em Deus também pode ser fiel (*pistós*) aos irmãos, não os abandonando nos momentos difíceis, nem se deixando levar pela própria ansiedade, mas mantendo-se ao lado dos outros mesmo quando isso não lhe proporcione qualquer satisfação imediata" (GeE, n. 112).

---

[5] Ibidem, n. 21.

TERCEIRA PARTE

A SEPARAÇÃO DO INSTITUTO: NORMATIVA CANÔNICA E PRÁXIS DICASTERIAL

FIDELIDADE E PERSEVERANÇA: REDESCOBRIR O SENTIDO DA DISCIPLINA

62. A fidelidade na perseverança, às vezes, fica comprometida por situações difíceis ou problemáticas, delineadas na primeira parte. Os êxitos, nem sempre previsíveis, minam na base a credibilidade do testemunho ou manifestam uma grave incoerência em relação às exigências da vocação à vida consagrada. A coerência é uma resposta de liberdade motivada pelo amor àquele que colocou em nós a sua confiança (1Ts 5,2); atitudes, relações, estilos de vida, situações impróprias ou diferentes em relação à disciplina religiosa, ofuscando a autenticidade da resposta. A virtude da coerência não pode jamais se dizer adquirida: é sustentada pela graça e é confiada a um exercício constante e paciente de formação sobre si. O ser e o sentir-se discípulo implica aceitar "o esforço do vosso amor" (1Ts 1,3) e os seus fracassos. Se as incoerências manifestam o lado frágil da vida consagrada, ainda mais as situações moralmente inaceitáveis. A fidelidade sofre a provação; é posta à prova. E as provações podem levar a êxitos discutíveis e a faltar, de modo grave, às obrigações do estado de vida consagrada.

Incoerências e contratestemunhos não são eventos exclusivamente pessoais, quase privados: os desvios negativos afetam a credibilidade do testemunho eclesial da vida consagrada e o Instituto não pode e não deve permanecer como espectador diante de situações que violam abertamente as normas fundamentais do *status* das pessoas consagradas. A tradição, o direito universal e próprio, a práxis da Congregação para os Institutos de Vida Consagrada e as Sociedades de Vida Apostólica elaboraram no tempo orientações, disposições, normas atentas à proteção da fidelidade e à coerência das obrigações derivantes do estado de pessoa consagrada: obrigações que, se consideradas e vividas somente como deveres, esvaziam de sentido a própria vocação na *sequela Christi*.

63. É urgente, sobretudo em nível de formação inicial, redescobrir o significado e as implicações de uma tradição dos religiosos: a disciplina. Tal léxico implica o comportamento de quem se coloca constantemente na escola do Evangelho, regra suprema dos consagrados (cân. 662), e recorda a constante vigilância sobre a efetiva coerência do discípulo na fidelidade aos compromissos (votos ou outros vínculos sagrados) assumidos no dia da profissão ou da consagração. Pode-se dizer que se disciplinar, mesmo no significado tradicional, significa formar para coerência e não recorrer a um mortificante conformismo. Somos discípulos chamados à liberdade (Gl 5,13), a tornar credível a liberdade da nossa escolha de vida. Na vida consagrada, o compromisso de coerência indubitavelmente se forma também mediante a consciência dos próprios deveres, consciência que tem sua raiz nas motivações que orientam e acompanham a nossa fidelidade na perseverança. Uma prática dos deveres, não animada por motivações evangélicas, coloca a vida consagrada em um horizonte privado. Subtraída à abertura e ao confronto com as fadigas do cotidiano e das dificuldades de relações com os irmãos e as irmãs, a privatização conduz a uma autorreferencialidade em gerir as próprias crises, até a legitimação das próprias decisões, desarraigadas de um diálogo legal e sereno com os superiores e, às vezes, na quase ostentada marginalidade ou irrelevância das regras. O serviço da autoridade não é chamado somente a fazer respeitar as regras, mas deve garantir-se diante do Instituto e da Igreja e, sobretudo, promover a sua coerência para tutelar o fiel testemunho de todos. Tudo isso se cumpre também por meio da correta aplicação dos procedimentos: percursos que devem ser respeitados não como o fazem funcionários, mas com a consciência de que são instrumentos para tutelar os deveres e os direitos de todos, irmãos e irmãs, superiores e formadores.

64. As regras são recursos preciosos de formação à fidelidade valorizados pelo nosso estar juntos diante do Senhor. Descobre-se, assim, a fidelidade na perseverança como expressão de solidariedade da vigilância, que leva os fardos uns dos outros (Gl 6,2); sente a preocupação para com o irmão e a irmã como expectativa recíproca em edificar-se comunidade no Senhor. Nessa perspectiva, pode-se compreender a terceira parte do presente documento que sistematiza as orientações normativas codiciais e a práxis do Dicastério em matéria de ausência, exclaustração, saída, demissão do Instituto, e oferece uma contribuição para um correto discernimento das situações difíceis e problemáticas no processo de acompanhamento dos irmãos e das irmãs que estão em fase de decisão acerca do seu futuro, e por parte dos superiores, que devem tomar as decisões sobre eles, no respeito do direito universal e próprio.

Nas escolhas delicadas de separação do Instituto de Vida Consagrada ou da Sociedade de Vida Apostólica, a Igreja, os Institutos e as Sociedades, cada um dos consagrados e as comunidades não cessam de acompanhar e iluminar os discípulos que, em um caminho de discernimento, avaliam seguir o Mestre em outra modalidade e em caminhos diferentes daquele abraçado.

65. As modalidades de separação do Instituto se subdividem em dois grupos. Aquelas *pro gratia*: a ausência (cân. 665, § 1), a passagem (cân. 684), a exclaustração (cân. 686, § 1), o indulto de saída (cân. 691 e 693); e aquelas *disciplinares*: as três formas de demissão (cân. 700) presentes nos cân. 694, 695 e 696. Relativamente ao tempo, a separação pode ser definitiva ou temporária. São temporárias: a ausência referida no cân. 665, § 1 e as duas formas de exclaustração referidas no cân. 686. São definitivas: o indulto de saída para os membros leigos (cân. 691) e a separação mediante demissão (cân. 700). A passagem a outro Instituto (cân. 684) e o indulto de saída dos membros clérigos (cân. 691 e 693) tornam-se formas definitivas no momento em que se cumprem as condições requeridas.

A ausência da casa religiosa

66. O religioso é obrigado a habitar na casa onde foi legitimamente adscrito (cân. 608); para ausentar-se, tem necessidade da permissão do superior competente.

A ausência legítima da casa religiosa (cân. 665, § 1).

67. A permissão de ausência da casa religiosa (ou *extra domum*) comporta a suspensão temporária da obrigação de *habitar na casa religiosa própria, observando a vida comum*. Compete ao religioso interessado pedir o indulto de ausência, motivando-o adequadamente.

O cânon distingue dois casos:

- ausência que não ultrapassa a duração de um ano;
- ausência que pode prorrogar-se no tempo e requer a permissão do superior maior, o consentimento do seu conselho e uma justa causa.

O superior maior, com prévio consentimento do conselho, é autorizado a conceder ausência superior a um ano da casa religiosa por motivos de saúde, de estudo ou de apostolado desempenhado em nome do Instituto. Em tais casos, é obrigado a uma especial vigilância e cuidado.

O religioso ausente permanece membro da comunidade, vinculado pelos votos e por todas as obrigações contraídas; conserva a voz ativa e passiva, salvo se não está disposto diversamente no ato de concessão; permanece plenamente submetido aos seus legítimos superiores e deve reentrar na casa religiosa, se por eles for chamado; deve prestar contas ao superior do dinheiro recebido e gasto.

É oportuno que o documento, que concede a permissão de ausência, indique explicitamente:

- os contatos que o religioso deve conservar com o Instituto;

- o exercício dos direitos (voz ativa e passiva etc.);
- a assistência econômica a que eventualmente os superiores decidem corresponder.

Inadimplências no cumprimento dos deveres próprios do estado de vida consagrada ou no comportamento, na medida que sejam detectadas essas circunstâncias ou situações que estejam fora dos termos da permissão recebida, justificam que o superior competente tome medidas corretivas contra o religioso.

A ausência legítima da casa religiosa é concedida por motivos específicos e por tempo determinado. No momento em que os motivos cessam ou os prazos da concessão decaem, o religioso deve ser reintegrado à comunidade. Antes do fim do prazo do indulto, o religioso que o requeira pode ser reintegrado pelo superior; no fim, deve reentrar solicitamente na comunidade.

É oportuno que o superior maior informe ao bispo o lugar onde o religioso irá habitar no período de ausência do Instituto, se for o caso, enviando cópia do indulto com as cláusulas nele contidas. O bispo dever ser informado quando aquele que pede a permissão de ausência for um religioso clérigo.

A ausência ilegítima da casa religiosa (cân. 665, § 2)

68. O religioso ilegitimamente ausente, com a intenção de subtrair-se dos superiores, deve ser solicitamente buscado e ajudado a perseverar na própria vocação.

Se tal empenho por parte dos superiores não surte efeito, poder-se-ão adotar medidas disciplinares, não excluída, se for o caso, a demissão. Na verdade, a ausência ilegítima que se prolonga por um semestre pode ser causa de demissão (cân. 696, § 1); quando se prolonga por doze meses contínuos, o religioso que se torna incontactável é demitido *ipso facto* (cân. 694, § 1, 3º).[1]

A passagem para outro Instituto

69. A passagem para outro Instituto acontece quando um professo perpétuo deixa o próprio Instituto para incorporar-se a um outro, sem que isso comporte a interrupção da profissão dos votos religiosos.

O cân. 684 regula várias tipificações sobre a passagem de um Instituto a um outro dos membros definitivamente incorporados:

- passagem dos professos de votos perpétuos a um outro Instituto (§ 1);
- passagem de um mosteiro *sui iuris* a um outro mosteiro do mesmo Instituto ou da Federação ou da Confederação (§ 3);

---

[1] Cf. FRANCISCO. Carta apostólica em forma de *motu proprio Communis Vita,* com a qual são modificadas algumas normas do Código de Direito Canônico. Roma, 19 de março de 2019; CONGREGAÇÃO PARA OS INSTITUTOS DE VIDA CONSAGRADA E AS SOCIEDADES DE VIDA APOSTÓLICA. Carta circular *sobre o motu proprio* do Papa Francisco *Communis Vita.* Brasília: Edições CNBB, 2019. (Documentos da Igreja, 57.)

- passagem de um Instituto religioso a um Instituto secular ou a uma Sociedade de Vida Apostólica ou dessas a um Instituto religioso (§ 5).

A passagem pode acontecer de um Instituto religioso a um outro, seja de direito pontifício, seja de direito diocesano. No caso da passagem de um Instituto religioso a uma Sociedade de Vida Apostólica ou a um Instituto secular ou vice-versa, é obrigatório um indulto da Congregação para os Institutos de Vida Consagrada e as Sociedades de Vida Apostólica (cân. 684, § 5), a cujas disposições é preciso obedecer.

A passagem é uma concessão *pro gratia*: deve ser solicitada pelo membro e não pode ser imposta. O pedido deve ser adequadamente motivado; a concessão é submetida à avaliação e decisão discricional do moderador supremo, seja do Instituto ao qual o membro pertence, seja do Instituto para o qual quer passar, com o consentimento dos respectivos conselhos.

Obtido o consentimento para a passagem, o membro interessado transcorre no novo Instituto um período de provação de, ao menos, três anos. O início e a duração do período de provação devem ser determinados pelo moderador supremo do novo Instituto; a esses, ou ao direito próprio, compete também determinar o lugar e as atividades que serão desempenhadas. Durante o período de provação, o membro permanece incorporado ao Instituto de proveniência; a sua condição é semelhante àquela de um membro de votos temporários e é obrigado a observar a normativa do novo Instituto. O período de provação não se deve configurar como um novo noviciado.

Se o membro não pretende emitir a profissão perpétua no novo Instituto, ou no caso de não ter sido admitido pelos superiores, deve voltar ao Instituto de pertença. Na conclusão do período de provação, emitida a profissão perpétua, o membro é *ipso iure* incorporado ao novo Instituto. É oportuno que seja dada comunicação ao Instituto de proveniência da passagem definitiva e da incorporação do membro ao novo Instituto.

Quando a passagem é pedida por um membro clérigo incardinado no Instituto ou na Sociedade de proveniência, na conclusão do período de provação com a incorporação, acontece também a incardinação *ipso iure* no novo Instituto de Vida Consagrada ou Sociedade de Vida Apostólica, se essa tem a faculdade.

A exclaustração

70. A exclaustração é a ausência da vida comum de um professo perpétuo que, embora continue sendo membro do Instituto, é autorizado pelo legítimo superior a residir fora da comunidade.

A exclaustração pode ser concedida somente em causas graves:

- por um tempo não superior a três anos, mesmo se não contínuos, é competente o moderador supremo com o consentimento do seu conselho (cân. 686, § 1);

- além do triênio, para os Institutos de Vida Consagrada e as Sociedades de Vida Apostólica de direito pontifício, a exclaustração é reservada à Congregação para os Institutos de Vida Consagrada e as Sociedades de Vida Apostólica (cân. 686, § 1), para os Institutos de Vida Consagrada e Sociedades de Vida Apostólica de direito diocesano ao bispo da casa de adscrição;
- pode ser imposta a pedido do moderador supremo, com o consentimento do seu conselho, pela Congregação para os Institutos de Vida Consagrada e as Sociedades de Vida Apostólica para um membro de um Instituto de direito pontifício ou pelo bispo diocesano da casa de adscrição para um membro de um Instituto de direito diocesano (cân. 686, § 3).

Às monjas o indulto de exclaustração pode ser concedido seguindo o procedimento previsto pela Instrução *Cor orans*,[2] derrogando o cân. 686, § 2:

- pela superiora maior, com o consentimento do seu conselho, por não mais de um ano (COr, n. 177);
- pela presidente da Federação, com o consentimento do seu conselho, à monja professa de votos solenes

---

[2] CONGREGAÇÃO PARA OS INSTITUTOS DE VIDA CONSAGRADA E AS SOCIEDADES DE VIDA APOSTÓLICA. *Cor Orans*: instrução aplicativa da Constituição apostólica *Vultum Dei Quaerere*, sobre a vida contemplativa feminina. Brasília: Edições CNBB, 2018. (Documento da Igreja, 46.)

de um mosteiro da Federação por um tempo não superior a dois anos (COr, n. 130-131; 178-179).

Toda ulterior prorrogação do indulto de exclaustração é reservada unicamente a Congregação para os Institutos de Vida Consagrada e as Sociedades de Vida Apostólica (COr, n. 80).

A exclaustração pedida pelo membro (cân. 686, § 1)

71. A exclaustração pode ser pedida pelo membro definitivamente incorporado por causa grave, de sua livre iniciativa, mediante um pedido escrito, e pode ser concedida por um tempo não superior a três anos.

A prorrogação do indulto de exclaustração, por um tempo superior, compete à Congregação para os Institutos de Vida Consagrada e as Sociedades de Vida Apostólica, para os membros dos Institutos de Vida Consagrada ou Sociedades de Vida Apostólica de direito pontifício ou ao bispo diocesano da casa de adscrição, para os membros dos Institutos e Sociedades de direito diocesano.

Compete ao direito próprio ou à práxis do Instituto determinar se o triênio deva entender-se de maneira contínua ou não. O Dicastério permite ao moderador a possibilidade de conceder o indulto por um novo triênio, quando tenham passado ao menos três anos do prazo precedente.

Se a exclaustração é pedida por um membro clérigo, é necessário o consentimento prévio do ordinário do lugar onde deverá habitar.

Deveres e direitos derivados da exclaustração

72. Com a concessão da exclaustração, o membro não perde todos os deveres e direitos que a pertença ao Instituto religioso ou Sociedade de Vida Apostólica comporta.

A condição jurídica do membro exclaustrado é definida pelo cân. 687:

- permanece membro do Instituto ou Sociedade, sujeito aos legítimos superiores, e – se clérigo – também na dependência do ordinário do lugar;
- não tem voz ativa e passiva;
- é obrigado a observar o direito próprio do Instituto em tudo aquilo que não seja incompatível com a sua nova condição.

Em relação ao exclaustrado, os superiores sintam a responsabilidade de assegurarem um atento acompanhamento e, se o caso o permite, um adequado subsídio econômico; enquanto possível, o membro exclaustrado se empenhe em prover suas próprias necessidades. Se o direito próprio não prevê indicações específicas, o moderador providencie definir por escrito as disposições do caso.

O superior competente informe ao bispo quando, na sua diocese, morar um membro leigo exclaustrado.

O superior maior, permanecendo responsável pelo exclaustrado, pode dar-lhe disposições, desde que não sejam incompatíveis com a sua condição; pode proceder disciplinarmente e penalmente contra ele, analogamente o bispo diocesano, considerando as respectivas competências;

e, se for o caso, pode demitir do Instituto à norma do cân. 700. É oportuno que o superior maior e o bispo diocesano cuidem dos membros exclaustrados e estejam em contato regular com eles.

A exclaustração imposta (cân. 686, § 3)

73. A pedido do moderador supremo, com prévio consentimento do seu conselho, a exclaustração pode ser imposta pela Santa Sé para os membros dos Institutos de Vida Consagrada e de Sociedades de Vida Apostólica de direito pontifício ou pelo bispo para aqueles de direito diocesano. Para tal pedido, tanto o superior quanto o conselho deverão avaliar se existem causas graves e aterem-se às exigências da equidade e da caridade.

Trata-se de um procedimento disciplinar adotado em casos excepcionais, para a tutela do bem da comunidade ou do próprio membro, quando especiais dificuldades obstaculizam a vida fraterna, impedem o exercício do ministério comum do Instituto, criam dificuldades constantes na ação apostólica.

Concede-se, para períodos de tempos determinados – três ou cinco anos –, prorrogáveis no seu vencimento. Nos casos mais graves, é concedida *ad nutum Sanctae Sedis*, para os membros de um Instituto de Vida Consagrada ou uma Sociedade de Vida Apostólica de direito pontifício; *ad nutum Episcopi* para aqueles de um Instituto de Vida Consagrada ou uma Sociedade de Vida Apostólica de direito diocesano. As condições, as eventuais cláusulas e a duração são estabelecidas no decreto, com o qual a exclaustração é concedida pela Congregação para os Institutos de Vida Consagrada e as Sociedades de Vida Apostólica de direito pontifício ou pelo bispo diocesano, para aqueles de direito diocesano.

O membro deve ser informado da intenção do moderador supremo de pedir a exclaustração imposta, das motivações e das provas ao seu encargo, no respeito do direito de defesa (cân. 50).

Os efeitos jurídicos da exclaustração imposta são semelhantes àqueles da exclaustração simples (veja-se acima o n. 72).

Na práxis, para os clérigos, uma vez que o caso se torne oportuno, é requerida uma declaração de acolhida na Diocese – normalmente por escrito – por parte do bispo. Em todo caso, é oportuno que o competente superior maior tenha o cuidado de informar, por escrito, o bispo da Diocese onde o membro exclaustrado será domiciliado. Ao superior maior e ao bispo diocesano compete o dever de vigilância sobre a situação pessoal e pastoral do exclaustrado.

O indulto de saída

74. Os cân. 688-693 elencam diversas tipificações que preveem a possibilidade de deixar definitivamente o Instituto:

- a saída do membro de votos temporários de sua vontade no prazo dos votos (cân. 688, § 1) ou durante a profissão temporária (cân. 688, § 2);

- a saída do membro de votos temporários por vontade do Instituto (cân. 689);
- a saída do membro durante a profissão perpétua (cân. 691);
- a saída do membro clérigo (cân. 693).

A saída do Instituto comporta sempre a perda da condição de membro e, portanto, dos respectivos deveres e direitos.

O indulto de saída do membro de votos temporários (cân. 688, §§ 1-2)

75. O professo de votos temporários, no término dos votos, é livre para abandonar o Instituto de Vida Consagrada ou a Sociedade de Vida Apostólica (cân. 688, § 1).

Por grave causa, o professo de votos temporários pode abandonar o Instituto ou a Sociedade também durante o tempo em que está vinculado pelos votos. Em tal caso, deve encaminhar o pedido ao moderador supremo, o qual concede o indulto, com prévio consentimento do seu conselho. O indulto de saída de um professo de votos temporários em um Instituto de direito diocesano ou de um mosteiro, referido no cân. 615, para a sua validade, deve ser concedido pelo bispo da casa de adscrição.

O indulto de saída do membro de votos temporários por vontade do Instituto (cân. 689)

76. O membro temporariamente incorporado ao Instituto ou à Sociedade, quando existam justas causas, pode ser excluído pelo superior maior, ouvido o seu conselho, de renovar os votos no prazo ou de emitir a profissão perpétua (cân. 689, § 1).

O código prevê, como causa de exclusão da renovação dos votos, mesmo uma enfermidade de natureza física ou psíquica, contraída depois da profissão, de modo a tornar o membro não idôneo à vida do Instituto (cân. 689, § 2). Para garantia do direito do membro, o juízo sobre a falta de idoneidade do candidato por causa de enfermidade compete a peritos; sobre a idoneidade para conduzir a vida no Instituto compete aos superiores.

No caso em que a enfermidade resulte causada pela negligência dos superiores, porque não garantiram a assistência e os cuidados necessários, ou a enfermidade resulte contraída por causa do trabalho desenvolvido pelo membro no Instituto ou na Sociedade, este deve ser admitido a renovar a profissão temporária ou para emitir a profissão perpétua.

O § 3 do cânone prevê que o membro que se tornou amente depois da profissão temporária tem o direito de permanecer no Instituto, mesmo se não for capaz de emitir a nova profissão. O Instituto deve assumir a responsabilidade por ele.

Readmissão de um membro que saiu legitimamente do Instituto (cân. 690)

77. O cân. 690 autoriza o moderador supremo, com prévio consentimento do seu conselho, a readmitir no próprio Instituto, sem obrigação de repetir o noviciado, quem, depois de ter emitido a profissão temporária ou perpétua, tenha saído legitimamente do Instituto.

A readmissão sem repetir o noviciado supõe que a profissão temporária seja precedida por um côngruo período de provação, cuja duração e modalidade devem ser decididas pelo moderador supremo.

O indulto de saída do membro durante a profissão perpétua (cân. 691-692)

78. Um membro definitivamente incorporado no Instituto ou na Sociedade pode pedir o indulto de saída. Esse deve ser motivado por *causas muito graves* (*causas gravíssimas*), *ponderadas diante de Deus*. Uma decisão tão radical requer uma atenta reflexão:

- por parte do membro – que se comprometeu a viver com fidelidade e perseverança a vocação –, com a ajuda e o conselho de pessoas prudentes e especialistas;
- por parte dos superiores maiores, que devem instruir o procedimento para a concessão do indulto de saída;
- por parte da autoridade competente para conceder o indulto.

São competentes para conceder o indulto de saída: a Santa Sé para os Institutos de Vida Consagrada e as Sociedades de Vida Apostólica de direito pontifício e para os mosteiros; o bispo diocesano da casa na qual o membro está adscrito para os Institutos de Vida Consagrada e Sociedades de Vida Apostólica de direito diocesano (cân. 691, § 2).

O membro apresenta o pedido do indulto de saída ao moderador supremo, que o encaminha à autoridade competente, junto com seu parecer e o do seu conselho (cân. 691). Os superiores maiores de uma província ou de uma parte do Instituto a ela comparada (cân. 620), especialmente nos Institutos com organização internacional, exprimem ao moderador supremo o próprio parecer motivado acerca da concessão do indulto de saída. De fato, um mais imediato conhecimento das pessoas pode contribuir eficazmente para tornar conhecidas as circunstâncias e as dificuldades reais que levaram o membro a pedir o indulto.

O superior competente avalia em primeiro lugar o fundamento e a gravidade das motivações aduzidas pelo membro, para o bem dele, do Instituto e da Igreja. O moderador supremo, com o seu conselho, é chamado a exprimir o próprio parecer relativo ao pedido, que deve transmitir à autoridade competente, mesmo quando tal parecer seja contrário à concessão.

O indulto de saída deve ser notificado pelos superiores ou diretamente pelo Dicastério ao membro que o pediu. A notificação consiste em levar ao conhecimento do interessado a concessão do indulto, e deve ser redigida por escrito ou comunicada oralmente diante de testemunhas, de modo que possa ser provada. No ato da notificação, o membro tem o direito de rejeitar o indulto (cân. 692), que em tal caso não tem nenhum efeito.

Legitimamente notificado, o indulto de deixar o Instituto em força do direito faz cessar todos os efeitos da profissão: votos, obrigações e direitos do Instituto.

O indulto de saída do membro clérigo (cân. 693)

79. O cân. 693 estabelece que o induto de saída ao membro clérigo *não seja concedido antes de ele encontrar um bispo que o incardine na sua diocese ou ao menos o receba a título experimental.*

Para evitar que existam clérigos giróvagos ou acéfalos, o membro clérigo deve encontrar um bispo disposto a incardiná-lo de maneira pura e simples (*pure et simpliciter*) ou que o aceite a título de experiências (*ad experimentum*).

Tem-se a *incardinação pure et simpliciter* quando o bispo está disposto a incardinar o clérigo na própria Diocese. Nesse caso, o membro clérigo que quer deixar o Instituto apresenta o pedido ao moderador supremo, que o transmite à autoridade competente, acompanhando-o com o seu parecer e o do seu conselho, e com a declaração escrita pelo bispo diocesano disponível a incardinar o clérigo. Se a autoridade competente para a norma do cân. 691 concede o indulto, o clérigo é *ipso iure* incardinado na Diocese. A incardinação se concretiza no momento que chegar ao bispo, ao menos em cópia, o indulto de saída e ele tenha providenciado a emissão do relativo decreto.

Tem-se a *incardinação ad experimentum* quando o bispo está disposto a receber o clérigo na própria Diocese para um período de provação. Em tal caso, a autoridade competente, de acordo com a norma do cân. 691, recebida a necessária documentação, concede um indulto de exclaustração ao clérigo, pondo-o na dependência do bispo para um período de provação. Ele deve durar no máximo cinco anos: terminada a provação, o clérigo pode ser reenviado pelo bispo ao Instituto de pertença ou permanecer incardinado *ipso iure* na Diocese. O indulto de exclaustração visa valorizar a oportunidade da eventual incardinação. O período de provação pode ser interrompido, mesmo unilateralmente, pelo bispo ou pelo clérigo, em qualquer momento. Em tal caso, o clérigo volta ao Instituto de pertença.

A acolhida na Diocese para a incardinação ou para o período de provação é disposta mediante decreto emitido pelo bispo no momento em que recebe cópia do indulto, notificado ao membro. Se o bispo emite o decreto de incardinação antes da notificação do indulto de saída, o ato é inválido. Em tal caso, será necessário que o bispo emita um novo decreto, depois da concessão do indulto por parte da autoridade competente. Recentemente foi introduzida a práxis de inserir no texto do indulto a cláusula que pede ao bispo para transmitir ao Dicastério cópia do decreto de incardinação ou de acolhida para provação. Até que não seja emitido o decreto de incardinação, o membro clérigo continua a ser juridicamente membro do Instituto, salvo diversas disposições do direito próprio acerca dos deveres e direitos que tal pertença comporte.

Se o bispo, recebido o indulto de saída, não emite o decreto de incardinação, o indulto não adquire eficácia e o membro clérigo permanece membro do Instituto.

O Dicastério adotou, além disso, a práxis de definir no texto do indulto de saída concedido aos membros clérigos um tempo limite dentro do qual o bispo deve emitir o decreto de incardinação.

Se o bispo revoga a declaração de incardinar ou de acolher o clérigo, e esse deseja, contudo, deixar o Instituto, é necessário instruir novamente o procedimento com a finalidade de obter a concessão de um novo indulto. De fato, o indulto é concedido para a incardinação ou acolhida *ad experimentum* em uma determinada Diocese.

Deve ser avaliada com especial atenção a concessão do indulto de saída no decurso de um procedimento disciplinar e na pendência de um procedimento de demissão ou de recurso.

A demissão do Instituto

80. A demissão consiste na separação definitiva de um membro do Instituto de Vida Consagrada ou da Sociedade de Vida Apostólica; é imposta pelo Instituto ou pela Sociedade contra a vontade do membro, pressupõe violações graves do estado de vida consagrada e exige um procedimento rigoroso.

O código apresenta quatro diferentes tipificações:

- a demissão *ipso facto*, que acontece pelo próprio fato de ter cometido um delito (cân. 694);
- a demissão *obrigatória,* mediante decreto (cân. 695);

- a demissão *discricional*, deixada a juízo do Instituto (cân. 696);
- a demissão depois de uma expulsão *imediata,* em caso de especial urgência (cân. 703).

A demissão *ipso facto* (cân. 694)

81. A demissão *ipso facto* (cân. 694) acontece pelo fato mesmo de se ter cometido uma determinada violação da lei canônica. Em tais casos, o membro não é mais membro do Instituto ou da Sociedade; a intervenção do superior competente se limita somente à declaração do fato:

Os casos de demissão *ipso facto* são três:

- o abandono notório da fé católica;
- o Matrimônio contraído ou tentado, mesmo só civilmente;
- a ausência ilegítima da casa religiosa prolongada por doze meses contínuos, quando o religioso se torne incontactável.[3]

---

[3] Cf. FRANCISCO. Carta apostólica em forma de *motu proprio Communis Vita,* com a qual são modificadas algumas normas do Código de Direito Canônico. Roma, 19 de março de 2019; CONGREGAÇÃO PARA OS INSTITUTOS DE VIDA CONSAGRADA E AS SOCIEDADES DE VIDA APOSTÓLICA. Carta circular sobre o *motu proprio* do Papa Francisco *Communis Vita* (Documentos da Igreja, 57). Brasília: Edições CNBB, 2019.

O abandono notório da fé católica (cân. 694, § 1, 1º)

82. O membro que abandona notoriamente a fé católica se priva do primeiro requisito da admissão à vida consagrada. De fato, sem a fé católica, o candidato não poderia ser admitido em qualquer Instituto ou Sociedade.

O abandono da fé católica ocorre em quem rejeita o assentimento à verdade de fé divina e católica, a norma do cân. 750. Portanto, falta a fé católica, no sentido determinado no cân. 751: o herético que nega pertinazmente uma verdade de fé divino-católica, ou que obstinadamente duvida dela; o apóstata que repudia toda a fé cristã recebida no Batismo; o cismático que rejeita formalmente a submissão ao romano pontífice ou a comunhão com a hierarquia da Igreja.

O abandono da fé católica é considerado notório, quando o fato é divulgado de modo que se torna de domínio público, por motivo do meio utilizado (imprensa, *web*, declaração pública), ou pela publicidade do fato.

O abandono da Igreja Católica pode configurar-se também por meio de um verdadeiro *actus formalis defectionis ab Ecclesia catholica,* que se concretiza na: a) decisão interna de sair da Igreja Católica; b) atuação e manifestação externa dessa decisão; c) recepção por parte da autoridade eclesiástica competente de tal decisão.[4]

---

[4] PONTIFÍCIO CONSELHO PARA OS TEXTOS LEGISLATIVOS. *Actus formalis defectionis ab Ecclesia catholica.* Cidade do Vaticano, 13 de março de 2006. In: *Communicationis,* n. 38, p. 170-172, 2006.

O Matrimônio contraído ou tentado, mesmo só civilmente (cân. 694, § 1, 2º)

83. A segunda tipificação de demissão *ipso facto* é a celebração do Matrimônio ou o tentado Matrimônio. De fato, o membro emite o voto de castidade, que comporta o compromisso de viver no celibato e, portanto, a proibição de casar-se.

É demitido do Instituto o membro que contrai o Matrimônio, mesmo que não exista impedimento canônico, como no caso do professo de votos temporários. O Matrimônio em força do impedimento à norma dos cân. 1087-1088, é tentado, isto é, nulo, para os clérigos e os religiosos que são vinculados pelo voto público perpétuo de castidade emitido em um Instituto religioso.

Ausência ilegítima da casa religiosa prolongada por mais de um ano (cân. 694, § 1, 3º)[5]

84. O *motu proprio* do Papa Francisco *Communis Vita,* no § 1 do cân. 694, inseriu um terceiro motivo de demissão *ipso facto* do Instituto religioso: a ausência ilegítima da casa religiosa prolongada, nos termos do cân. 662, § 2, por doze meses ininterruptos, unida à incontactabilidade do membro.

---

[5] Cf. FRANCISCO. Carta apostólica em forma de *motu proprio Communis Vita,* com a qual são modificadas algumas normas do Código de Direito Canônico. Roma, 19 de março de 2019; CONGREGAÇÃO PARA OS INSTITUTOS DE VIDA CONSAGRADA E AS SOCIEDADES DE VIDA APOSTÓLICA. Carta circular sobre o *motu proprio* do Papa Francisco *Communis Vita.* Brasília: Edições CNBB, 2019. (Documentos da Igreja, 57.)

Tal modificação oferece a oportunidade de encontrar uma solução nos casos de ausência ilegítima de um membro da casa religiosa, com especial referência àqueles que, às vezes, não podem ser encontrados ou que se tornaram incontactáveis.

Considera-se contactável a pessoa da qual se conhece o endereço de residência ou ao menos de domicílio; a pessoa que tenha comunicado o próprio endereço/domicílio. Não se considera contactável a pessoa da qual se conheça somente: o número de telefone; o endereço do correio eletrônico; o perfil social *network*; o endereço fictício.[6]

O procedimento para declarar a demissão *ipso facto*

85. O membro responsável dos atos referidos no § 1, 1º-2º do cân. 694, é demitido *ipso facto*. A fim de que a demissão possa constar juridicamente, o superior maior, com o seu conselho, deve:

- recolher solicitamente as provas dos fatos ocorridos e ouvir o interessado;
- emitir a declaração da ocorrida demissão, alcançada a certeza moral do fato.

Nos casos de demissões *ipso facto*, contextualmente à declaração de demissão, deve ser declarada também a

---

[6] CONGREGAÇÃO PARA OS INSTITUTOS DE VIDA CONSAGRADA E AS SOCIEDADES DE VIDA APOSTÓLICA. Carta circular sobre o *motu proprio* do Papa Francisco *Communis Vita*. Brasília: Edições CNBB, 2019, n. 2. (Documentos da Igreja, 57.)

censura *latae sententiae* da suspensão para os membros clérigos e do interdito para os membros não clérigos. Além disso, deve ser declarada a irregularidade ao exercício da Ordem sacra para os religiosos clérigos (cân. 1044, § 1, 3º, e cân. 1041, 3º) e para a recepção da Ordem sacra para os religiosos não clérigos (cân. 1041, 3º).

Se um membro demitido *ipso facto* tiver sido acolhido e incardinado em uma Diocese, é necessário a remissão da censura da suspensão e a obtenção da dispensa da irregularidade por parte da Congregação para o Clero.

Um membro não clérigo que incorreu no interdito *latae sententiae* por motivo do Matrimônio tentado, mesmo só no civil, se quiser celebrar o Matrimônio religioso, deve antes pedir e obter a remissão da censura, caso contrário, o Matrimônio, mesmo se válido, é ilícito.

Uma cópia da declaração da demissão por justiça deve ser enviada ao religioso interessado.

O procedimento para declarar a ausência ilegítima da casa religiosa prolongada além de um ano

86. No *motu proprio Communis Vitai,* o Santo Padre especificou, acrescentando o § 3 ao cân. 694, o procedimento a seguir nos casos nos quais se aplica a nova tipificação de demissão *pela ausência ilegítima da casa religiosa prolongada além de um ano.*

O superior maior tem o dever de buscar o membro ausente ilegitimamente e incontactável, de modo a exprimir a própria solicitude, para com o religioso ou a religiosa, para que retorne e persevere na própria vocação (cân. 665, § 2).

Quando os resultados das buscas derem êxito negativo, mesmo se reiteradas no tempo, ou quando se constatar que os membros se tornaram deliberadamente incontactáveis, é necessário "dar certeza jurídica à situação de fato".

Para tal finalidade, o superior competente:

- é obrigado a produzir prova certa, mediante documentação comprovável, das buscas realizadas, das tentativas de contato ou de comunicação;
- diante do êxito negativo das buscas, procede a declaração de incontactabilidade do membro.

O superior competente avalia o caso com o seu conselho e emite uma declaração de incontactabilidade. Tal declaração é considerada necessária para a certeza do cômputo do tempo:

- do dia *a quo*, a partir do qual tomou-se conhecimento da incontactabilidade (cân. 203, § 1), que não pode permanecer incerto, porque tornaria indefinido o período de doze meses contínuos;
- da decorrência dos prazos para fixar o término dos doze meses contínuos.

Transcorridos doze meses contínuos, durante os quais não tenha sido, de nenhum modo, modificada a situação de incontactabilidade do membro ausente ilegitimamente, o superior competente deve proceder a *declaração do fato* para que conste juridicamente a demissão à norma do cân. 694. Tal declaração deve ser confirmada pela Santa Sé, se o Instituto do qual o membro foi demitido é de direito pontifício; pelo bispo da sede principal, se o Instituto é de direito diocesano.

O novo dispositivo (cân. 694, § 1, 3º) não se aplica às tipificações antecedentes a 10 de abril de 2019, em outros termos, não pode dizer-se retroativo, diversamente o legislador o teria declarado expressamente (cân. 9).

O *motu proprio Communis Vita* resultou na modificação do cân. 729, que regula a vida dos Institutos seculares, porque aos membros de tais Institutos não se aplica a demissão do Instituto por ausência ilegítima.

A demissão obrigatória (cân. 695, § 1)

87. A demissão obrigatória se verifica quando tenham sido cometidos os delitos previstos no cân. 695, que reenvia aos cân. 1397, 1398 e 1395:

- homicídio, rapto e sequestro de pessoa, mutilação e ferimento (cân. 1397);
- aborto procurado, obtido o efeito (cân. 1398);
- concubinato e permanência escandalosa em um outro pecado externo contra o sexto mandamento do decálogo.

As tipificações referidas no cân. 1395 são delitos somente se cometidos por clérigos, religiosos ou diocesanos.

O delito de homicídio, rapto e sequestro de pessoa, mutilação e ferimento (cân. 1397)

88. O cân. 1397 considera alguns delitos contra a vida e a liberdade da pessoa, cometidos deliberadamente. Para tais delitos, aplicam-se penas expiatórias previstas no cân. 1336, proporcionalmente à gravidade da culpa.

Se o homicídio for cometido contra a pessoa do romano Pontífice ou contra um bispo consagrado ou contra um clérigo ou um religioso, a pena é estabelecida no cân. 1370:

- para o homicídio do romano Pontífice: a excomunhão *latae sententiae*, com o acréscimo de outras penas, não excluída a demissão do estado clerical, se o autor do delito for clérigo;

- para o homicídio de um bispo consagrado: o interdito *latae sententiae* e, se o autor for clérigo, a suspensão *latae sententiae*;

- para o homicídio de um clérigo ou de um religioso: uma pena proporcionada, *ferendae sententiae*.

O delito de aborto (cân. 1398)

89. O aborto é delito para todo fiel, clérigo, religioso ou não religioso, consagrado ou não consagrado. O cân. 1398 considera delito a interrupção voluntária da gravidez, seja mediante a expulsão do feto imaturo, seja mediante a morte voluntariamente provocada do próprio feto, de qualquer modo ou em qualquer tempo em que essa se produza, desde o momento da concepção.[7]

Ao aborto está conexa a excomunhão *latae sententiae*, na qual incorrem, seja a mulher que se tenha submetido voluntariamente, seja todos aqueles que física ou moralmente cooperaram para ele de modo direto e eficaz.[8]

O concubinato ou outro pecado externo contra o sexto mandamento do decálogo (1395, § 1)

90. O § 1 do cân. 1395 considera a tipificação do clérigo em estado de concubinato ou em uma situação de permanência escandalosa em um outro pecado externo contra o sexto mandamento do decálogo.

Por concubinato entende-se uma relação *more uxorio,* caracterizada por uma certa estabilidade, mesmo sem a convivência sob o mesmo teto.

Um outro pecado contra o sexto mandamento, diferente do concubinato, diz respeito à hipótese de um clérigo que permanece em uma situação de pecado externo.

A pena estabelecida para esses delitos é a suspensão *ferendae sententiae*, e a essa podem acrescentar-se outras

---

[7] PONTIFÍCIA COMISSÃO PARA A INTERPRETAÇÃO AUTÊNTICA DO CÓDIGO DE DIREITO CANÔNICO. *Responsio, Utrum abortus*, de *abortu* (cân. 1398). *AAS 81 (1989)*, p. 388, 23 maio 1988.

[8] SANTA SÉ. *Catecismo da Igreja Católica.* Brasília: Edições CNBB, 2013, n. 2270-2273; CONGREGAÇÃO PARA A DOUTRINA DA FÉ. *Esclarecimento recentemente sono pervenute*, sobre o aborto procurado. Roma, 11 de julho de 2009. *L'Osservatore Romano*, Edição Quotidiana, Ano CXLIX, n. 157, 11 de julho de 2009, p. 7.

penas, não excluída a demissão do estado clerical, se o clérigo, uma vez admoestado, persista no delito.

O clérigo, em estado de concubinato ou que permaneça escandalosamente em um outro pecado externo contra o sexto mandamento do decálogo, não pode celebrar licitamente a Eucaristia (cân. 2, § 900) nem pode participar da Santa Comunhão (cân. 915).

Outros delitos contra *Sextum* (cân. 1395, § 2)

91. O § 2 do cân. 1395 examina outros delitos cometidos contra o sexto mandamento:

- com violência, isto é, quando se tira a liberdade das pessoas;
- ou com ameaças, quando se incute somente temor;
- publicamente;
- ou com um menor abaixo de 16 anos, se trata-se de um religioso não clérigo;
- ou com um menor de 18 anos, se trata-se de um religioso clérigo.[9]

Para tais delitos, o código estabelece a obrigação de o superior de levar em consideração a tipificação delituosa, avaliá-la e adotar uma decisão discricional acerca da necessidade de proceder a demissão.

---

[9] SÃO JOÃO PAULO II. Carta apostólica em forma de *motu proprio Sacramentorum Sanctitatis Tutela*. Roma, 30 de abril de 2001.

No caso de abuso de um menor de 18 anos, ao qual é equiparado quem tem habitualmente um uso imperfeito da razão,[10] se o religioso acusado for clérigo, a competência exclusiva cabe ao Supremo Tribunal da Congregação para a Doutrina da Fé, baseada no *motu proprio Sacramentorum Sanctitatis Tutela*.[11] Como todos os outros delitos aqui compreendidos, a prescrição é de vinte anos e, somente para o caso de abuso de um menor de 18 anos, inicia a decorrer a partir do momento do cumprimento do décimo oitavo ano de idade.

Quando se trata de um membro não clérigo, a competência cabe à Congregação para os Institutos de Vida Consagrada e as Sociedades de Vida Apostólica.

Nos casos contemplados pelo § 2 do cân. 1395, o superior deve proceder a demissão, a menos que não estime oportuno prover de outro modo a correção do membro, a reintegração da justiça e a reparação do escândalo (cân. 695, § 1). Nos casos indicados, a obrigatoriedade refere-se ao dever do superior maior de iniciar o processo de demissão, observando o procedimento previsto pelo direito (cân. 695, § 2).

---

[10] CONGREGAÇÃO PARA A DOUTRINA DA FÉ. *Normae de delictis Congregationi pro Doctrina Fidei reservatis seu Normae de delictis contra fidem necnon de gravioribus delictis*. *AAS 102 (2010)*, p. 419-434, art. 6, § 1, 21 maio 2010.

[11] SÃO JOÃO PAULO II. Carta apostólica em forma de *motu proprio Sacramentorum Sanctitatis Tutela*. Roma, 30 de abril de 2001.

O procedimento para a demissão obrigatória (cân. 695, § 2)

92. A competência de proceder nos casos de demissão obrigatória compete ao superior maior (cân. 620), assistido pelo notário. A ação disciplinar não é sujeita a prazos de prescrição, como aquela penal (cân. 1362). Portanto, mesmo que o delito estiver prescrito, a ação disciplinar, por motivo do indicado no cân. 695, § 1, deve ser sempre instruída.

Recebida uma denúncia ou a notícia de atos delituosos verossímeis, o superior competente:

- recolhe as provas acerca dos fatos e da imputabilidade;
- se alcança a certeza moral acerca da verdade dos fatos e sua imputabilidade por dolo ou por culpa, notifica o membro a ser demitido da acusação e das provas, dando-lhe a possibilidade de defender-se;
- transmite todos os atos ao moderador supremo.

O superior maior pode adotar o procedimento previsto para a investigação nos cân. 1717-1719.

O moderador supremo, com o seu conselho, avalia ulteriormente as acusações, as provas, a defesa e, mediante votação colegial, decide se demite o membro. O Conselho deve estar completo ou composto por ao menos quatro membros; a votação é sempre colegial, que se decida a favor ou contra a demissão, e, portanto, devem constar pelo menos cinco votos. Para decidir a demissão, não é necessário unanimidade: é suficiente a maioria absoluta; e a votação deve ser secreta (cân. 699, § 1).

Quando, ao invés, o superior maior tiver certeza da falta de fundamento das acusações, deve arquivar o caso.

A demissão facultativa (cân. 696, § 1)

93. O cân. 696 deixa ao juízo do superior maior a demisão de um membro por causas diversas, em relação àquelas previstas para a demissão *ipso facto* e para aquela obrigatória. Considerada a gravidade do procedimento de demissão, o código pede que essas causas sejam *graves, externas, imputáveis* e *juridicamente comprovadas*. O cân. 696, § 1, prevê algumas tipificações de comportamentos impróprios, que, não obstante não configurarem tipificações delituosas, são, contudo, significativamente contrárias à disciplina da vida consagrada. O código apresenta um elenco, não exaustivo, de tais causas:

- a negligência habitual das obrigações da vida consagrada;
- as violações reiteradas dos vínculos sagrados;
- desobediência pertinaz às legítimas prescrições dos superiores em matéria grave;
- escândalo grave, decorrente de culpável modo de agir do religioso;
- pertinaz defesa ou difusão de doutrinas condenadas pelo Magistério da Igreja;

- adesão pública a ideologias infeccionadas de materialismo e ateísmo;
- ausência ilegítima da casa religiosa, prolongada por seis meses, com a intensão de subtrair-se à autoridade do superior (cân. 665, § 2).

O direito próprio de um Instituto pode prever outras motivações.

Um membro de votos temporários pode ser demitido por causas graves – também menos graves do que aquelas expostas (cân. 696, § 1) –, externas, imputáveis e juridicamente comprovadas, estabelecidas pelo direito próprio (cân. 696, § 2).

As tipificações que, na práxis, ocorrem mais frequentemente são: a desobediência obstinada e a ausência ilegítima.

Para os fins da demissão, a desobediência se configura juridicamente se o membro age contrariamente a uma disposição em matéria grave, dada pelo superior, em conformidade com a normativa universal e própria ou, pelo menos, não em contraste com ela.

O procedimento para a demissão facultativa (cân. 697-700)

94. Com o fim de tutelar os direitos das pessoas e as exigências da justiça, os cân. 697-700 estabelecem o procedimento a ser seguido em caso de demissão.

Diferentemente do processo de demissão obrigatória (cân. 695, § 2), nas tipificações referidas no cân. 691, § 1, antes de iniciar o processo, o competente superior maior deve obrigatoriamente escutar o parecer do seu conselho (cân. 697). O Conselho, que deve ser válido e legitimamente reunido, exprime o próprio parecer, não necessariamente à unanimidade, acerca da oportunidade de iniciar o processo e a motivação pela qual instruí-lo.

Quando o superior maior considera que se tenha verificado uma das tipificações referidas no cân. 696, que poderiam motivar a demissão, em primeiro lugar procede a recordar ao religioso o cumprimento dos próprios deveres, não excluído o recurso a sanções canônicas. Quando esses procedimentos resultam ineficazes, o superior maior:

- consulta o Conselho sobre a oportunidade de iniciar o processo de demissão, redigindo um específico "extrato da ata";

- ouvido o Conselho, se julga dever proceder a demissão, recolhe e integra todas as provas dos fatos imputáveis;

- no caso em que queira obter o retorno do religioso ausente ilegitimamente, deve-se providenciar um preceito formal de obediência por escrito, que deve ser notificado mediante carta registrada com aviso de recebimento, ou oralmente diante de duas testemunhas; em tal preceito, o superior maior indicará claramente uma data razoável de prazo para o retorno em uma determinada comunidade. Também para todas as outras motivações, o superior maior deverá formal e explicitamente fazer presente ao membro que, se não afastado o comportamento, proceder-se-á à demissão;

- procede a uma primeira admoestação canônica, notificada por escrito ou diante de duas testemunhas ou por edital, se o membro for incontactável; a admoestação deve conter explicitamente a ameaça da demissão, em caso de incorrigibilidade; deve indicar claramente aquilo que o membro deve fazer ou omitir para evitá-la; deve exprimir de modo claro e preciso o fato do qual é imputado, concedendo-lhe plena faculdade de responder na própria defesa, dentro de, ao menos, quinze dias da notificação da admoestação;
- se a primeira admoestação não tiver efeito, transcorridos ao menos quinze dias, procede-se a uma segunda admoestação, com as mesmas modalidades;
- transcorridos, ao menos, quinze dias da data de notificação da segunda admoestação, se também essa resulta ineficaz, convocar o Conselho e – com votação secreta – julgar se, provada a incorrigibilidade e consideradas insuficientes as defesas do membro, deve-se proceder a enviar o pedido de demissão ao moderador supremo;
- enviam-se ao moderador supremo todos os documentos, autenticados pelo notário, unindo todas as respostas dadas pelo membro e por ele assinadas.

De todas as notificações, deve constar prova certa.

O membro pode sempre se comunicar pessoalmente com o moderador supremo e expor a ele diretamente os argumentos da própria defesa (cân. 698).

O moderador supremo, recebidas as atas do superior maior competente, reúne o seu conselho, que, para ter validade, deve conter ao menos quatro membros, e procede com ele colegialmente, ou:

- avalia as provas, os argumentos, as admoestações, a legitimidade do procedimento, a defesa do imputado, a sua incorrigibilidade;
- constatada a existência de todos os acima mencionados elementos, o colégio decide por votação secreta se procede à demissão (cân. 119). Sendo uma decisão colegial, o moderador supremo pode dirimir um eventual empate com um seu segundo voto. O secretário ou o notário redigem um verbal com as motivações da decisão;
- se a decisão for favorável à demissão, o moderador supremo emite o decreto de demissão que, para ser válido, deve conter, ao menos de modo resumido, as razões, seja de direito, seja de fato (cân. 699, § 1);
- transmitir o decreto de demissão à Congregação para os Institutos de Vida Consagrada e as Sociedades de Vida Apostólica, juntamente com todas as atas.

Tratando-se de um mosteiro *sui iuris*, à norma do cân. 615, a superiora do mosteiro, depois de ter cumprido quanto lhe compete na qualidade de superiora maior, transmite tudo ao bispo diocesano.

Para entrar em vigor, o decreto do moderador supremo (cân. 700) deve ser confirmado:

- pela Congregação para os Institutos de Vida Consagrada e as Sociedades de Vida Apostólica, se se trata de um membro de um Instituto de Vida Consagrada ou de uma Sociedade de Vida Apostólica de direito pontifício;
- pelo bispo da Diocese onde está situada a casa à qual pertence o membro demitido, se se trata de um Instituto de Vida Consagrada ou de uma Sociedade de Vida Apostólica de direito diocesano.

O exame do decreto e das atas que o acompanham permite à Santa Sé ou ao bispo verificar o procedimento seguido e as causas aduzidas.

Também para os mosteiros *sui iuris* de direito pontifício, a demissão decidida pelo bispo, assim como aquela decidida pelo moderador supremo do qual depende o mosteiro exigem confirmação da Santa Sé.

As admoestações canônicas

95. É oportuno cuidar das formalidades redacionais das admoestações canônicas, que devem ser claras e breves; o seu conteúdo deve ser o mesmo para a primeira e para a segunda. As admoestações devem incluir ao menos três elementos:

- a motivação jurídica, ou a citação da normativa codicial em consideração da qual se procede;
- uma breve exposição dos fatos, ou aquilo que o membro fez ou omitiu;
- o dispositivo, claro e determinado, acerca daquilo que o membro deve ou não deve fazer.

O texto das admoestações deve especificar que o membro tem o direito de apresentar uma defesa ao superior maior que iniciou o processo, ou diretamente ao moderador supremo, de acordo com o que ele acredite oportuno.

As admoestações devem ser notificadas, e é necessário que exista uma prova atestando que o membro as recebeu. As modalidades de notificação podem ser diferentes; a escolha compete ao superior maior, avaliadas as circunstâncias.

Entre o envio de uma admoestação e da sucessiva, devem transcorrer quinze dias ou um tempo diverso estabelecido pela admoestação, dentro do qual deve-se cumprir o preceito nelas contido. Esse prazo pode ser superior a quinze dias, mas não inferior, e inicia-se a partir do dia da notificação da admoestação, isto é, desde quando foi recebida pelo membro, e não de quando foi emitida pelo superior maior, nem de quando foi enviada, ou do tempo diferente estabelecido pela própria admoestação.

Notificação do decreto de demissão

96. O decreto de demissão, confirmado pela Congregação para os Institutos de Vida Consagrada e as Sociedades de Vida Apostólica, ou pelo bispo diocesano, deve ser notificado ao interessado pelo superior competente por meio de carta registrada com aviso de recebimento, ou pessoalmente, na presença de duas testemunhas. O decreto, para ser válido, deve indicar o direito de que goza o membro demitido de recorrer à autoridade competente, dentro de dez dias da notificação.

Para que a demissão seja eficaz, o superior competente deve notificar o decreto original e o rescrito de confirmação concedido pelo Dicastério ou pelo bispo, também ele original ou ao menos em cópia autenticada.

Recebida a notificação, o membro que não pretende aceitar o que estiver nela disposto:

- antes de apresentar o recurso, deve pedir por escrito a revogação ou a correção do decreto ao seu autor; apresentado esse pedido, entende-se, com isso, a solicitação da suspensão da execução (cân. 1734, § 1);
- se for membro de um Instituto de Vida Consagrada ou uma Sociedade de Vida Apostólica de direito pontifício, pode recorrer, em primeira instância, à Congregação para os Institutos de Vida Consagrada e as Sociedades de Vida Apostólica, em segunda instância ao Supremo Tribunal da Assinatura Apostólica, e em terceira instância ao mesmo Supremo Tribunal;
- se for membro de um Instituto de Vida Consagrada ou Sociedade de Vida Apostólica de direito

diocesano, pode recorrer em primeira instância ao bispo que confirmou o decreto, em segunda instância à Congregação para os Institutos de Vida Consagrada e as Sociedades de Vida Apostólica, e em terceira instância ao Supremo Tribunal da Assinatura Apostólica.

É suficiente que o membro demitido, dentro de dez dias da notificação do decreto, exprima por escrito – mesmo sumariamente – a uma autoridade eclesiástica a própria vontade de recorrer. Quem recebe o recurso deve transmiti-lo à autoridade competente para tratá-lo e estabelecer um tempo dentro do qual quem recorreu deverá apresentar o recurso completo, acompanhado das motivações e das provas.

Durante o tempo do recurso, os efeitos jurídicos da demissão são suspensos.

Efeitos da demissão (cân. 701)

97. Com a legítima demissão cessam, *ipso facto*, os votos e conjuntamente as obrigações derivadas da profissão.

Se o membro demitido for diácono ou presbítero, conserva o estado clerical, mas, em virtude da demissão, não pode exercer o ministério sacerdotal enquanto não tiver encontrado um bispo que o acolha na Diocese para incardiná-lo ou para um período de provação (cân. 693), ou ao menos que lhe dê licença para exercer o ministério (cân. 701).

Ajuda ao membro demitido
ou dispensado (cân. 702)

98. O membro demitido ou dispensado não pode reivindicar nenhum direito em relação ao Instituto de Vida Consagrada ou à Sociedade de Vida Apostólica da qual era membro (cân. 702, § 1). A obra prestada em favor do Instituto ou da Sociedade e o fruto do trabalho prestado ao Instituto ou à Sociedade durante a permanência neles (cân. 668, § 3) não conferem ao membro que saiu voluntariamente ou foi demitido nenhum direito a receber uma compensação. De fato, os membros se empenharam a oferecer a própria obra como expressão gratuita de amor e de caridade para com os irmãos, seja dentro do Instituto ou da Sociedade, seja externamente.

O Instituto de Vida Consagrada ou a Sociedade de Vida Apostólica, por outro lado, *observem a equidade e a caridade evangélica* para com o membro que deles se separa, seja por saída, seja por demissão. A equidade é compatível com a situação pessoal e com as circunstâncias, bem como com as reais possibilidades do Instituto; observe-se a caridade para com as necessidades de inserção e de acompanhamento do membro, ao menos por um período imediatamente posterior à saída ou à demissão, até que ele possa se sustentar de outra maneira, considerando-se igualmente as possibilidades do Instituto ou da Sociedade.

CONCLUSÃO
"PERMANECEI NO MEU AMOR"
(Jo 15,9)

A força da vocação

99. Hoje, diante da diminuição da perseverança de tantos irmãos e irmãs que com generosidade tinham empreendido o caminho do seguimento, podemos tornar-nos juízes severos, pondo em ênfase defeitos e fragilidades que não foram afrontados de maneira justa, por causas pessoais, institucionais ou de responsabilidades coletivas. Quem abandona deve pôr-se sérias perguntas sobre o porquê de sua própria escolha vocacional ter fracassado; e quem permanece, sobre a coerência do seu *permanecer* e sobre as eventuais implicações nas causas de distanciamento e esfriamento da perseverança de quem foi embora. Somos todos reciprocamente responsáveis e *guardas* (Gn 4,9) dos nossos irmãos e irmãs, especialmente daqueles mais frágeis, porque todos "se reúnem em Cristo como em uma família peculiar" e os laços de fraternidade devem ser cultivados com lealdade, de modo a criar "auxílio mútuo a todos para que cada um possa cumprir a própria vocação" (cân. 602).

100. "Permanecei no meu amor" (Jo 15,9): é o pedido que Jesus faz aos seus discípulos durante a Última Ceia.

Permanecei: "aqui está a força da vocação do consagrado".[1] Esse imperativo é também uma entrega, uma oferta da "verdade fundamental", que permite "permanecer em comunhão vital com Cristo".[2] Entrega confiada aos discípulos de ontem e de hoje, especialmente aos homens e às mulheres consagradas, que afrontam o desafio de viver em ambiente fortemente secularizado, correndo o risco de perder o fervor e a alegria da própria doação a Cristo e à Igreja.

Um testamento de amor

101. O Quarto Evangelho traz o convite a permanecer no amor em um momento especial da vida de Jesus: o que precede à Paixão. Enquanto ele avança para a *hora* preanunciada em Caná (Jo 2,4), na direção do cumprimento da sua missão e da entrega de sua vida, o evangelista João se detém na narrativa da última refeição de Jesus com os seus, para extrair tesouros que iluminam a própria identidade de Filho de Deus e a de seus discípulos. Sentado à mesa, em um clima de intimidade e de partilha, abre o seu coração de Filho para transmitir aos discípulos – sob forma de *testamento* – aquele amor que ele não somente tem e dá, mas que ele é.

Discípulos destinados a dar frutos

102. No longo discurso de despedida que dirige aos seus (Jo 13,31–17,26), Jesus manifesta a sua vontade de

---

[1] FRANCISCO. *A força da vocação: conversa com Fernando Prado*. Bolonha: EDB, 2018, p. 44.

[2] FRANCISCO. *Regina Coeli*. Cidade do Vaticano, 3 de maio de 2015.

comunicar-lhes o amor do Pai, amor capaz de fazer frutificar todas as coisas e de assegurar uma autêntica generatividade. Do amor do Pai está plena a sua vida, e Jesus não deseja outra coisa, senão derramá-lo na vida dos discípulos. Por isso, em Jo 15,1-17, pede aos seus que se fundem em seu amor, para imergir-se na atmosfera filial da sua existência e para habitar na troca incessante do amor que transcorre entre ele e o Pai.

103. Em Jo 15,9-17, é explicada a alegoria dos versículos precedentes e oferecido o segredo da fecundidade dos discípulos: o amor. Este se torna o *habitat* da existência, na medida em que se recebe da fonte que é Jesus. Baseado no amor que Jesus nutre pelos seus discípulos, existe o amor com o qual ele é amado pelo seu Pai: "como o Pai me amou, assim também eu vos amei" (Jo 15,9). Jesus declara aos seus que a fonte do amor que nutre por eles é o amor que o Pai tem por ele.

Permanecer é perseverar

104. A expressão *permanecer em*, presente mais vezes no Evangelho de João (Jo 8,31; 14,10; 15,4(2x).5.6.7.9.10), permite decifrar o simbolismo *vide – vinhateiro – ramos – fruto* na perspectiva da esperança. Cristo nos ensina que "habitar na corrente do amor de Deus, fazer nele estável morada, é a condição para fazer com que o nosso amor não perca pela estrada o seu ardor e a sua audácia".[3]

---

[3] FRANCISCO. *Regina Coeli*. Cidade do Vaticano, 6 de maio de 2018.

Para evitar, então, o drama do abandono do discipulado ou da possível esterilidade da vocação, os discípulos são convidados com insistência a *permanecer*. Esse verbo, tão caro ao Quarto Evangelho, reenvia ao desejo e ao compromisso constantes em corresponder ao amor de Aliança e ao estilo de Cristo.

Aquilo que permite permanecer no amor de Jesus é a observância dos seus mandamentos (Jo 15,10), a escuta dócil da sua Palavra. Essa escuta muda o coração dos discípulos: de um coração de *servos,* faz dele um coração de *amigos* e o estabelece em uma relação autêntica e duradoura com Jesus (Jo 15,13-15).

Para que a vossa alegria seja plena

105. A missão dos batizados consiste em fazer frutificar os dons divinos em vantagem de todos, no modo de Jesus que deu a si mesmo pelos seus amigos e *para a vida do mundo* (Jo 6,51). *Permanecer no amor*, de fato, é compreender também que "o amor é serviço",[4] é assumir o cuidado dos outros. Somente o amor do Pai, revelado em Jesus, tem o poder de arrancar dos discípulos o risco de fugas e descarrilamentos e de destiná-los à fecundidade: "fui eu que vos escolhi e vos designei, para irdes e produzirdes fruto, e para que o vosso fruto permaneça" (Jo 15,16).

---

[4] FRANCISCO. *Homilia por ocasião da visita pastoral à Paróquia Romana do Santíssimo Sacramento no bairro Tor De'Schiavi.* Roma, 6 de maio de 2018.

A fidelidade na recíproca imanência entre a videira e os ramos, isto é, entre o Mestre e os discípulos, é um dom de mútua confiança: põe-se em exercício na perseverança prolongada, nos tempos e nas estações da vida. Todos temos necessidade de perseverar (Hb 10,36), que é, ao mesmo tempo, ter "olhos fixos em Jesus, que vai à frente da nossa fé e a leva à perfeição" (Hb 12,2) e agir com franqueza e criatividade ao atravessar momentos de obscuridade e no sustentar-se mutuamente, para "[tornar] retas as trilhas para vossos pés" (Hb 12,13).

Não é possível iludir a provação; é necessário atravessá-la com amor, reforçando mormente a união a Cristo e fazendo dela um ulterior aprendizado do dom de si, para deixar de viver somente para si mesmo (Rm 14,7) e restabelecer uma amizade estável com Cristo e com os outros que procuram fecundidade e "alegria completa" (Jo 15,11).

Maria, mulher fiel e perseverante

106. A Maria, nossa Mãe, a mulher fiel que deseja a fidelidade dos seus filhos e das suas filhas na resposta de amor e de dedicação total a Cristo, confiamos todos os consagrados e consagradas, para que perseverem na alegria da vocação recebida.

Maria, mulher fiel,
escutaste com docilidade
o Espírito de verdade que procede do Pai,
por meio do teu Filho Jesus,
ensina-nos a conservar o dom da vocação
e a redescobrir, a cada dia, a vitalidade.

Olhamos para ti,
para contemplar a obra de Deus
que regenera a nossa capacidade de amar
e cura a nossa fidelidade ferida.

Olhamos para ti,
perseverantes no seguimento,
custódia vigilante e amante da Palavra (Lc 2,19; 2,51b),
para admirar em ti a plenitude da vida
de quem na fidelidade produz muito fruto.

Olhamos para ti,
perseverantes aos pés da cruz (Jo 19,25)
para estar ao lado das infinitas cruzes do mundo,
onde Cristo ainda é crucificado
nos pobres e nos abandonados
para levar-lhes conforto e partilha.

Olhamos para ti
perseverantes com os Apóstolos
na oração (At 1,12-14),
para arder do amor que jamais se apaga,
caminhar na alegria
e afrontar os desafios e as desilusões, sem afãs.

Maria, mulher fiel, reza por nós,
obtém-nos, do teu Filho e nosso Redentor,
uma fé viva e enamorada,
uma caridade humilde e operosa,

para viver o dom da fidelidade
na perseverança,
selo humilde e alegre da esperança.
Amém.

Cidade do Vaticano, 2 de fevereiro de 2020.

Festa da Apresentação do Senhor
na *XXIV Jornada Mundial da Vida Consagrada*

Rua Dona Inácia Uchoa, 62
04110-020 – São Paulo – SP (Brasil)
Tel.: (11) 2125-3500
http://www.paulinas.com.br – editora@paulinas.com.br
Telemarketing e SAC: 0800-7010081